북한인권,
사진으로 외치다

북한인권, 사진으로 외치다 - 북녘 사람들이 어찌 사느냐 물으신다면?

초판1쇄 인쇄 2023년 11월 6일
초판1쇄 발행 2023년 11월 17일

지은이	강동완
펴낸곳	도서출판 너나드리
등록번호	2015-2호(2015.2.16)
주 소	부산시 서구 송도해변로21 102동 803호
이메일	simple1@daum.net
홈페이지	www.dahana.co.kr https://blog.naver.com/tongil0214
전 화	051-200-8790, 010-6329-6392
팩 스	0504-099-6392
책임편집	강동완
디자인	박지영
일러스트	박지영
교정	송현정

ISBN 979-11-91774-05-4(03340)
값 32,000원

· 이 책은 저작권법에 따라 보호받는 저작물이므로 무단전재와 무단복제를 금지하며
· 이 책 내용의 전부 또는 일부를 이용하려면 반드시 저작권자와 도서출판 너나드리의 서면동의를 받아야 합니다.

북한인권, 사진으로 외치다
북녘 사람들이 어찌 사느냐 물으신다면?

지금 우리가 여기에서 누리는
자유민주주의와 인권, 경제적 풍요로움을
그들도 함께 누려야 한다는 것,

사람이기에 사람답게 살아야 한다는 것,

그것이 바로 지금 북한인권을 말하는 이유다.

절실히…

들어가며

　북중국경에서 바라본 조국의 반쪽은 시리도록 낡고 차가웠다. 그곳에도 분명 사람이 살고 있을 터인데... 그토록 마음이 아렸던 건 낯선 풍경들이 하나둘 안겨 오면서부터다. 압록강과 두만강 너머 망원렌즈에 담겨온 북녘 사람들의 삶은 분명 우리의 오늘과 달랐다. 정녕 같은 시간대를 살아가는 사람들이 맞느냐는 의문이 앞섰다. 북한의 시간은 결코 남한의 시간과 똑같이 흐르지 않는 듯했다.

　세상 그 누구도 그리 살아서는 아니 될 일이었다.
　인간이 인간답게 가장 기본적인 권리조차 누리지 못하는 사람들.
　그곳에 바로 조국의 반쪽 사람들이 있었다.

　2018년 그해 봄, 희대의 독재자는 마치 평화의 전령사인 것처럼 미화되었고, 평양 일부 지역의 화려한 모습이 북한의 전부 인양 언론에 오르내렸다. 수없이 많은 날 동안 북중국경에서 바라본 참혹한 북녘의 실상은 오간 데 없이 가려지고 왜곡되었다.

　사진은 영원한 기록과 기억이 될 수 있기에, 오늘 하루를 또 살아내는 북녘 사람들의 모습을 카메라에 담으려 했다. 그리고 세상에 꼭 전해야 한다는 소명으로 스스로를 다그쳤다. 아주 보잘것없는 몸짓이라 할지라도 세상에 울림이 되고자 했다. 찰나의 순간에 담긴 그들의 모습은, 순간이 아닌 내일도 이어질 암담한 영원처럼 보였기에 모른 체할 수는 없었다. 그만큼 그들의 삶은 우리의 시간 바깥에 존재했다.

세상에 알려지는 것이 무엇이 그토록 두려운지 북중국경에서 사진을 찍는 건 허락되지 않았다. 중국 공안과 북한 국경수비대의 눈은 가리고, 세상에 전해야 할 북녘의 실상은 볼 수 있는 눈을 열어 달라고 간절히 기도했다.

감시자의 눈을 피하는 건 녹록지 않았다. 위험했던 순간순간을 일일이 말하고 싶지는 않다. 그분께서 보내셨고, 보게 하셨고, 전하게 하셨으니 모든 안전은 그분의 섭리 안에 있다는 믿음 하나만을 붙잡았다.

그렇게 수년 동안 북중국경을 다니며 촬영한 사진을 그동안 몇 권의 책으로 엮어냈다. 〈평양 밖 북조선〉(2018년), 〈그들만의 평양〉(2019년), 〈평양 882.6km〉(2020년)라는 제목이었다. 세 권 모두 평양이라는 단어가 있지만, 책 어디에도 평양의 모습은 당연히 담기지 않았다. 단 1%의 특권 계층이 살아가는 평양이 아닌 그 너머의 북한주민들의 삶을 전하고자 했다. 북중국경에서 압록강과 두만강 건너 바라보이는 북녘은 실제였다.

하지만 이 사진들은 세상에 환영받지 못했다. 그때는 모두가 평양만을 바라보며 평화를 외쳐되던 시기였다. 북녘 사람들은 결코 평화롭지 않은데, 남북한의 지도자가 손잡은 모습을 보며 그게 평화라 우겼다. 가짜평화 속에 감추어진 북녘 사람들의 아우성과 절규는 메아리처럼 압록강을 울렸다.

시간이 흘러 세 권의 책을 통해 소개했던 이전 사진들과 외장하드에 수북이 쌓아두었던 기록들을 북한인권이라는 주제로 다시 추려내고 엮었다.

'북한인권'이 시대의 화두가 되었지만 우리는 여전히 그곳에 대해 무관심하다. 인권이라는 단어를 다시금 되새겨 본다. 인간이 기본적으로 가지는 권리. 이 단순한 가치를 왜 그토록 힘겹게 싸워야만 얻을 수 있을까. 북한주민도 우리와 똑같이 인간으로서 당연히 누려야 할 권리를 갖는 것, 그 바람 하나뿐이다. 거기에 남겨진 이들은 먼저 온 통일이라 불리는 탈북민들의 그리운 가족들이다. 그리고 그들은 바로 우리다.

그동안 가려졌던 북한의 실상을 사진으로나마 전하게 되어 더없이 감사하다. 그러면서도 북녘의 암담한 현실을 마주해야만 하는 또 다른 현실 앞에 무기력해진다. 대체 언제가 되어야 그들의 삶 또한 인간이라는 이름으로 보호받을 수 있을까. 북한인권을 위해 지금 이 순간에도 이름 없이 빛도 없이 헌신하는 이들에게 이 책을 바친다.

북한도 나름 살만한 곳이라며, 그것도 모자라 '썩고 병든 자본주의', '미제의 식민지로 사는 남한'보다는 훨씬 더 살기 좋은 곳이라며 북한을 미화하는 이들에게 되묻고 싶다. 사진 속 북녘 주민들에게 미안하지 않으냐고.

2023년 분단의 또 한해를 보내며,
그 한 사람이 되고픈 강동완 찍고 쓰다.

들어가기

목차 / contents

들어가기 — 6

1부 시민적 정치적 권리 — 14

1. 이동 및 거주의 자유에 대한 권리 — 18
2. 강제노동을 하지 않을 권리 — 34
3. 사생활을 보호받을 권리 — 52
4. 사상·양심 및 종교의 자유에 대한 권리 — 68
5. 집회에 참여하지 않을 권리 — 90

2부 경제적 사회적 문화적 권리 — 102

1. 식량권 — 106
2. 건강권 — 118
3. 근로권 — 132
4. 교육권 — 151
5. 농촌 현실 — 162
6. 문화적 권리 — 166
7. 열악한 생활 — 174

3부   취약계층   182

1. 여성   184
2. 아이들   202
3. 장애인   218

나가기   222

1부

Civil and political rights

시민적·정치적 권리

1. 이동 및 거주의 자유에 대한 권리

국경감시는 계절과 시간에
관계없이 이루어진다
한겨울 함박눈은
결코 낭만적이지 않다

"모든 사람은
각국의 영역 내에서
이전과 거주의 자유에 관한
권리를 가진다"

Right to freedom of m

'이동 및 거주의 자유'는 인간의 생존을 위한 기본적인 권리 중의 하나로, 세계인권선언과 자유권규약에서 이를 명시적으로 보장하고 있다. 세계인권선언은 제13조에서 "모든 사람은 각국의 영역 내에서 이전과 거주의 자유에 관한 권리를 가진다"고 명시하고 있고, 자유권규약 제12조에서도 이동 및 거주의 자유에 대해 규정하고 있다. 자유권규약 제12조 제1항에 따르면 한 나라의 영토 내에서 합법적으로 거주하는 모든 사람은 자유롭게 이동하고 거주지를 선택할 수 있는 권리를 가진다.

북한은 사회주의헌법(2019) 제75조에서 "공민은 거주, 여행의 자유를 가진다"라고 규정하며 이동 및 거주의 자유를 명시하고 있다.

그러나...

ovement and residence

검문소를 지나는 택시

차량 지붕에는 TAXI라는 간판이 붙어 있고, 앞쪽에는 신의주 - 삭주라는 행선지가 보인다

하얀색 승합차가 강변길을 내달린다. 울퉁불퉁 비포장길을 한참이나 달리던 차량이 갈림길에 다다르자 갑자기 멈추어 섰다. '국경검열관'이라는 완장을 찬 군인이 지키는 국경검문소였다. 택시(TAXI)라고 쓴 하얀색 승합차가 국경검문소에 이르자 사람들은 모두 차에서 내려 일일이 검문을 받았다. 누구도 예외는 없었다. 운전수를 제외하고 모든 사람은 차에서 내렸다. 사람들은 검문이 일상인 듯 차가 멈추자 하나둘씩 차에서 내리더니 주머니에서 무언가를 꺼냈다. 북한에서 지역을 이동할 때 반드시 소지해야 한다는 여행허가증이다.

검문을 마치면 다시 차에 오르지 못하고 걸어서 검문소를 통과했다. 차량을 모두 수색하고 검문소를 통과하고 난 뒤에야 다시 차에 탈 수 있었다. 북한 내에서 통행증 없이 지역을 이동하는 건 불법이다. 내 마음대로 어디든 오갈 수 있다는 것, 그 단순한 사실이 바로 자유다.

차량은 검문소에서 멈추었고,
국경검열관이 일일이 여행허가증을 검사한다

북한인권, 사진으로 외치다

버스정거장이 아닙니다.

　산등성이를 돌아 버스 한 대가 달려왔다. 한적한 시골 마을을 내달리는 버스는 우리와 별반 다르지 않아 보였다. 그런데 버스가 갑자기 멈추어 선 곳은 초소였다. 국경검열대라 불리는 군인이 모든 승객을 일일이 검문했다. 그리고 버스 내부까지 검문검색을 하는 동안, 승객들은 질서정연하게 한 줄로 서서 기다렸다. 마치 그 장면만 보면, 차례로 줄을 서서 버스를 기다리는 사람들처럼 보인다. 하지만 실상은 버스에 숨겨둔 금지품목을 찾는 동안 마음 졸이며 선 사람들이다.

　버스에 탈 수 있는 건 검문검색을 마치고 아무 문제가 없다는 특별한 허가가 있어야 가능하다. '어디든 마음대로 갈 수 있다'라는 그 한마디 말을 너무도 절박하게 소원하는 북녘의 사람들이다. 국경 마을 어디에나 일정한 간격으로 세워진 초소는 북한 인권의 열악한 상황을 여실히 보여준다. 그곳을 지나가는 모든 차량과 사람은 반드시 검문검색을 받아야 한다. 무엇을 그리도 통제하고 막아야만 하는지 이해하기 어렵다. 누구나 마음껏 오갈 수 있는 것, 그 단순한 사실 하나가 그들에게는 간절한 소망이 된다.

남녀노소 누구나

 검문을 받는 건 남녀노소가 따로 없는 듯하다. 한눈에 봐도 학생처럼 보이는 소년이 철조망 앞에서 검문을 받고 있다. 총을 둘러멘 군인으로부터 자신의 신분을 증명해야 하는 것이 일상에서 흔한 일인가? 허락받은 자만이 오갈 수 있는 길이다. 자유는 그렇게 멀리 있었다.

섯(정지)

북한의 마을마다 반드시 설치되어 있다는 검문초소다. '섯'이라고 쓴 바리케이드가 길을 막아섰고, 지나가는 모든 차량과 사람을 검문한다. 화물차 운전수가 차에서 내리더니 검문을 받는다(빨간원). 압록강변 어디에나 검문소는 설치되어 있고, 북녘 주민들의 발걸음은 꽁꽁 언 얼음마냥 강을 건너지 못한다.

100미터 간격의
감시초소와 전기철조망

압록강과 두만강을 사이에 둔 북중국경에는 곳곳에 감시초소가 설치되어 있다. 북한을 하나의 거대한 감옥이라고 표현하는 건 바로 국경 전체를 거대한 요새처럼 초소와 전기철조망으로 채워두었기 때문이다. 띄엄띄엄 선 감시초소가 아니라 초소와 초소 사이 간격은 채 100미터가 넘지 않는다. 그리고 철조망에는 모두 전기시설과 부비트랩을 설치해 놓았다.

특히, 지난 2020년 8월 북한 사회안전성은 코로나19 차단을 위한 국경 봉쇄 지침을 내렸다. 그 지침에는 국경 봉쇄선 1~2km이내 코로나 방역을 위한 완충지대를 설정하고, 완충지대에 들어왔거나 국경 차단물에 접근한 인원과 짐승에 대해서는 무조건 사살할 것을 지시하는 내용이 담긴 것으로 전해졌다. 이 철조망을 넘기 위해 필사의 탈출을 한 수많은 탈북자들의 눈물이 강을 가득 적신다.

국경초소 사이에 전기철조망과 감시카메라가 설치되어 있다

국경초소는 단 한개가 아니라
100미터 간격으로 하나씩
설치되어 있다

자전거와 감시카메라

"그녀의 자전거가 내 가슴에 들어왔다"라는 예전 광고카피가 생각났다. 한적한 시골길을 달리는 자전거를 보며 든 생각이다. 하지만 북한주민들에게 자전거는 낭만이 아닌 생존이다. 대중교통이 제대로 갖추어지지 않으니 재산목록 1호에 해당할 만큼 필수품이다. 그나마 자전거라도 있어야 겨우 오갈 수 있다. 자전거마다 차량 번호판처럼 등록표도 붙였다. 특이한 건 검문소를 지날 때면 자전거를 탄 채로 지나갈 수 없다는 점이다. 초소 앞에 이르자 자전거를 탄 사람들은 모두 내려서 자전거를 끌고 간다. 초소에서 지정해 둔 지점까지 지나서야 다시 자전거에 탈 수 있다. 국경검문소 곳곳에는 감시카메라가 빼곡히 설치되어 일거수일투족을 지켜본다. 통제와 감시가 일상인 곳. 보는 것만으로도 숨이 막힌다.

인민반 초소

양강도 혜산시 혜탄동 어느 길목에 설치된 인민반 초소다. 〈혜탄동 22초소〉라고 쓰인 명판을 보고 이 동네 지명을 알 수 있었다. 숫자로 22번째 초소이니 분명 1초소부터 일정한 간격을 두고 모든 길목마다 세워져 있을 것이다. 초소에 붙은 표지판에는 신고방법과 신고전화번호가 적혀 있다. '경각성'이라는 문구도 눈에 띈다. 일상에서 서로를 감시하며 또 누군가로부터 감시를 받는다. 국경초소와 마찬가지로 인민반 초소 앞을 지날 때도 자전거에서 내려 끌고 지나가야 한다.

〈모두다 인민반 사업에 주인답게 참가하자!〉라는 붉은색 구호가 선명하다

써비차는 결코 공짜가 아니다

눈으로 직접 보기 전까지는 써비차를 그저 돈을 받고 태워주는 화물차 정도로만 생각했다. 써비차라는 단어에 서비스를 연상하며 낭만적이라고도 여겼다. 실제로 써비차를 보는 순간, 북한 주민들에게 얼마나 미안한 마음이 들었던지… 써비차는 말 그대로 서비스를 하는 차가 절대 아니다. 그들은 분명 화물칸에 실렸다. 사람이 지을 수 있는 표정이 아니었다.

〈2023 북한인권 보고서〉

"요즘 북한에서 타 시도로 이동하기 위해 **써비차**(개인 운수차)를 타면 차장이 초소에 사전에 뇌물을 고이기에 여행증을 보이지 않고 초소를 통과할 수 있습니다. 여행증을 발급 받으려면 시간도 오래 걸리고 뇌물을 제공해야 해 번거로워서 받지 않았습니다."

"제가 사는 곳이 국경지역이라 비법월경자 단속을 위한 검열이 1년에 네 번 정도 시행되었고, 특별경비주간(설 전, 애도 기간 등)과 밀수철인 여름에는 검열이 강화되어 그 빈도가 늘었습니다."

써비차라 불리는 화물차에 사람이 가득하다

달리는 기관차 위에도 사람이 탔다

2. 강제노동을 하지 않을 권리

Right not to forced labor

"어느 누구도 노예나
예속상태에 놓이지 않고,
모든 형태의
노예제도와 노예매매를
금지한다."

Right not to be sub

세계인권선언 제4조에서는 "어느 누구도 노예나 예속상태에 놓이지 않고, 모든 형태의 노예제도와 노예매매를 금지한다"고 하였다. 자유권규약 제8조 제3항에서도 모든 형태의 노예제도와 노예매매는 금지되며, 어느 누구도 강제노동을 요구당하지 않는다고 규정하였다.

북한은 사회주의노동법(2015)에서 공장, 기업소의 생산 노동력을 당국의 승인 없이 다른 일에 동원할 수 없음을 정하고 있으며, 특히 농번기에는 농사와 관련이 없는 일에 농장원의 동원을 금지하고 있다. 또한 아동권리보장법(2014)에서는 아동노동을 금지하고 있으며, 지속가능발전목표 이행 자발적 국가보고서(2021년 VNR 보고서)에서도 강제노동과 아동노동은 존재하지 않는다고 주장하였다.

그러나...

농촌체험이 아니라 농촌동원입니다

 어느 시인은 "내 고장 칠월은 청포도가 익어가는 계절"이라 노래했다. 한여름 이글거리는 태양 볕을 온몸에 받아 탐스럽게 영그는 아리따움을 바라보았으리라.

 하지만 북녘의 칠월은 아이들에게 그리 아름다운 계절은 아닌 듯하다. 학교운동장은 텅 비었고 아이들은 교실에 있지 않았다. 아니 그럴 수 없었다. 초록빛 너른 들녘에 알록달록 무늬를 띄운 건 모두 아이들이었다.

 어른들이 만들어 놓은 *자드락에서 하루종일 허리 굽혀 잡초를 뽑고 자갈을 주워 담는 건 모두 아이들의 몫이었다. 압록강 끝에서 끝까지 그 어디를 가더라도 들녘에는 노동하는 아이들이 있었다. 고사리 같은 손으로 *푸서리를 갈아 내는 동안 한여름 뙤약볕에 아이들의 웃음은 슬펐다.

자드락 : 나지막한 산기슭의 비탈진 땅
푸서리 : 잡초나 나무 따위가 무성하고 거친 땅

농촌 체험활동이니 체험학습이라는 말은 그들에게 너무 사치스럽고 낭만적인 말이었다. 어느 통일 교육 관련 책에서 "방과 후 북한의 아이들은 산으로 들로 나가 자연을 벗 삼아 하루를 보낸다"라는 표현을 본 적 있다. 그 아이들에게 얼마나 죄스럽고 미안한 말인가. 말 그대로 농촌 동원에 내몰린 아이들은 그저 또 하나의 일손일 뿐이었다. 아이들은 학교가 아닌 들녘에서 연필 대신 호미를 들었다.

날이 저물어서야 집으로 돌아가는 아이들의 발걸음이 애처로웠다. 북녘의 아이들은 "먼데 하늘이 꿈꾸려 알알이 들어와 박히는" 희망을 노래하지 못했다. *부등깃처럼 아이들의 꿈은 자랄 새도 없이 독재의 하늘 아래 산산이 부서졌다. "아이야 우리 식탁엔 은쟁반에 하이얀 모시수건을 마련해 두렴"이라 노래했던 시인의 마음처럼 '내가 바라는 손님'이 그들에게도 찾아올는지….

부등깃 : 갓 태어난 어린 새와 다 자라지 못한 약한 깃

들쭉동원

　농촌동원으로 밭에서 일하는 아이들에게는 분명한 할당량이 주어졌다. 그저 그냥 시간만 때우고 오는 게 아니라, 자신들에게 분배한 할당량을 다 채우지 못하면 일은 끝나지 않았다. 양강도 혜산시가 고향인 어느 탈북민은 학창시절 '들쭉동원'에 나선 일을 선명히 기억했다. 백두산 인근에 지천으로 달린 들쭉을 따러 가는 일인데 일주일에서 많게는 한 달 동안 산에서 야영을 하며 들쭉동원에 나섰다고 했다. 하루 동안 자신에게 주어진 양을 반드시 채취해야 일과를 마칠 수 있었다. 북한당국이 자랑하는 '백두산 들쭉술'은 아이들의 피와 눈물이 담겼다.

자력갱생이라는 미명아래

"자력갱생을 번영의 보검으로 틀어쥐고"라는 선전구호가 보인다. 어느 마을의 협동농장 관리동으로 보이는 건물이다. 손에 호미를 들고 협동농장으로 들어서는 건 다름 아닌 아이들이었다. 그해 여름, 뜨거운 뙤약볕을 온몸으로 받아 안고 밭에서 일하던 아이들의 모습이 떠올랐다. 자력갱생은 말 그대로 '스스로의 힘으로 살아간다'라는 뜻이다. 주민들에게 자력갱생을 강요하는 순간 이미 그건 '생(生)'이 아니다.

선전판에 붙은 '사상도 기술도 문화도 주체의 요구대로'라는 구호가 더없이 낯설게 보이는 건 이미 주체 안에 사람이 없기 때문이다. 아이들을 노동현장으로 내모는 곳에서 어찌 생을 말할 수 있을까.

모래자루를 운반하다 쓰러진 북한아이

세상에서 가장 잔인한 사진

　멀리 천 길 낭떠러지 언덕길에 트럭이 보였다. 너무 높고 먼 거리라 망원렌즈로 촬영할 때도 트럭만이 희미하게 담겼다. 나중에 사진을 확대해서 보니 화물칸에 빼곡히 실린 건 물건이 아니라 사람이었다. 그것도 이제 갓 초등학생 정도로 보이는 아이들이다. 트럭 한가득 아이들을 태우고 농촌동원을 가는 길이다.

　만약 한국에서 이런 일이 벌어졌다면 어떻게 되었을까? 칠월 땡볕에 아이들을 화물차에 태워서 학교 인근 농촌 마을로 일을 하러 보냈다면 말이다. 자녀를 둔 부모님들이라면 학교에 항의하는 수준을 넘어 정부를 향해 교육부 장관은 사퇴하라고 목소리를 높일지도 모른다. 시민단체와 학계에서는 성명서를 발표하고 해당 학교 책임자는 문책을 면치 못했을 것이다. 어쩌면 이런 일이 일어난다는 것 자체를 상상조차 하지 않는다. 그런데 이런 일이 바로 지금 이 순간 북녘땅에서는 벌어지고 있다. 우리의 아이들에게 해서는 안 될 일이라면 북녘 아이들에게도 해서는 안되는 일이다. 북한에서 이런 아동학대가 벌어지고 있음에도 우리는 침묵한다. 내 아이가 아니라서? 북한인권 개선을 위한 활동은 거창한 것이 아니다. 내 아이에게 해서는 안 되는 일을, 북녘의 아이들에게는 버젓이 하고 있으니 그게 옳지 않은 것이라고 말할 수 있어야 한다. 거룩한 분노라고 말해야 할까.

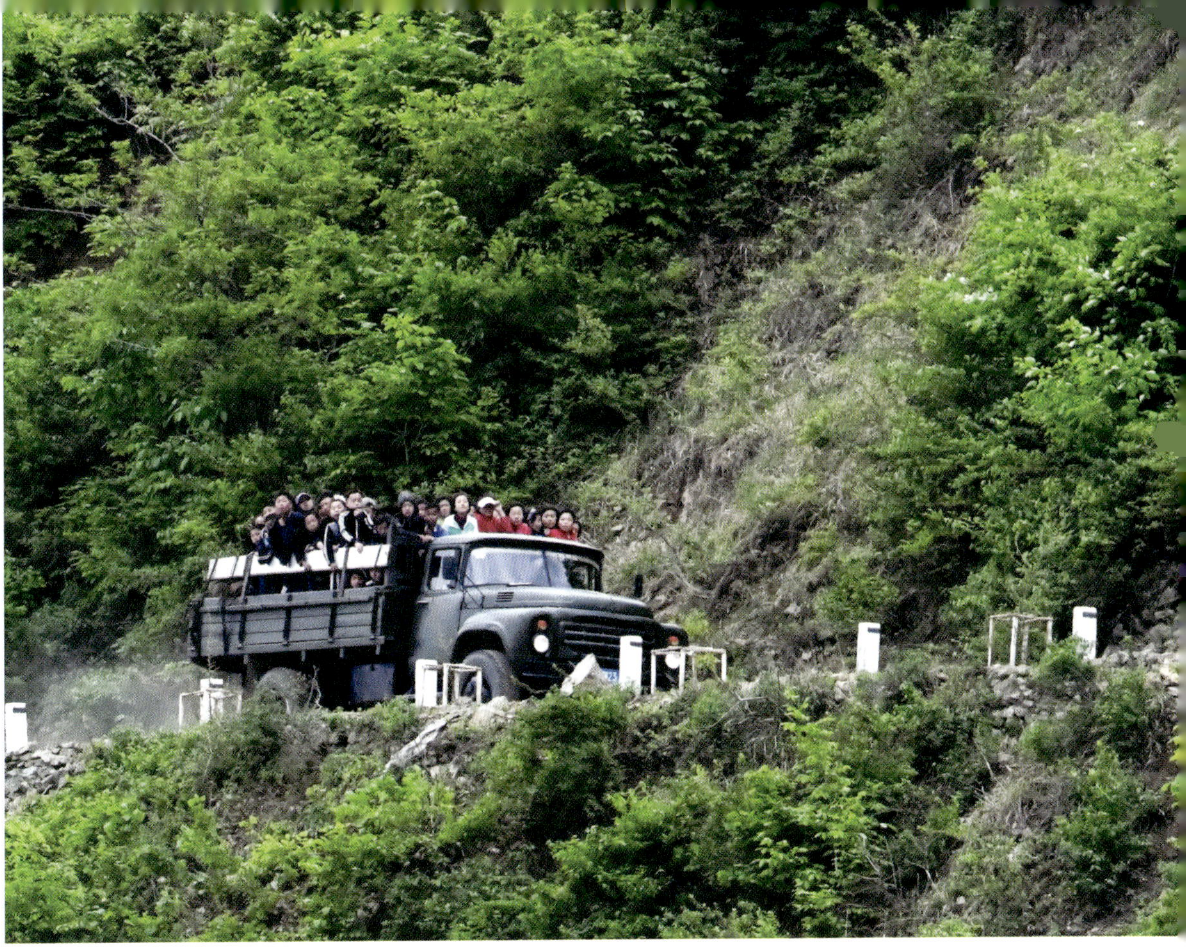

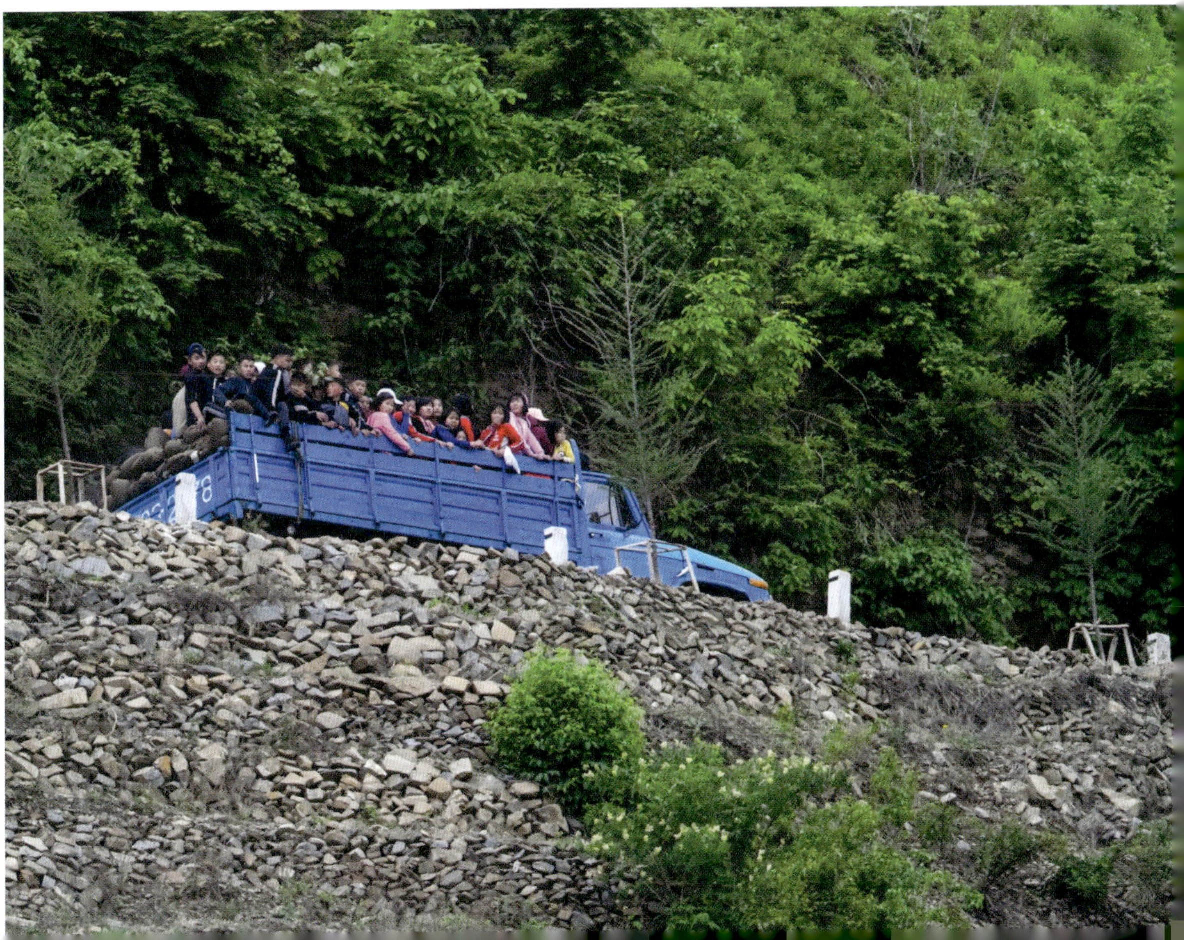

조기작업

 압록강을 길게 마주한 신의주 강변에 사람들이 빼곡하다. 이른 새벽, 안개가 채 걷히기 전에 무슨 일인지 항구를 가득 채운 건 저마다 작업도구를 손에 든 사람들의 모습이었다. 신의주에서 온 탈북민에게 물어보니 아침에 출근하기 전 인민반 별로 할당된 구역에 나와 일을 하는데 이를 〈조기작업〉이라고 한다. 아이나 어른 할 것 없이 집집마다 반드시 한 명씩은 참여해야 불이익이 없다고 했다. "경애하는 최고령도자 김정은 동지의 사상과 령도에 끝없이 충실하자!"라는 선전구호가 붙어 있는 건물 앞에서 사람들의 작업은 쉴 새 없이 계속된다. 상쾌한 아침 바람 가르며 기분 좋은 하루일과를 시작해도 모자랄 판에 의무적으로 노동현장에 동원된다. 자력갱생이라는 선전구호가 부끄럽지 아니한가.

'자력갱생'이라고 쓴 거대한 기계 아래 사람들의 작업이 한창이다

'조기작업'에 나선 사람들

한겨울 거름전투에 동원된 여성들

북한 사회주의노동법(2015)을 보면 "농번기에는 농사와 관련이 없는 일에 농장원의 동원을 금지하고 있다."라고 명시되어 있다. 하지만 한겨울에도 북녘여성들의 삶은 농번기와 농한기가 구분되지 않는다. 북한에서는 무슨 일이든 전투라는 표현을 사용한다. 김장을 담그는 일도 김장전투로 표현한다. 봄이 오기 전까지 북한 여성들이 주로 하는 일은 다름아닌 거름전투다.

비료가 풍부하거나 농기계가 있으면 한나절이면 족히 끝낼 일을 굳이 인분을 사람손으로 일일이 퍼다 나르고 옮기는 일을 강제로 해야 한다. 한겨울 꽁꽁 언 땅을 깨고 손수레에 옮겨 담는 건 인분을 섞어서 만든 거름이다.

영생탑 아래 점같이 보이는 건 거름전투에 동원된 여성들이다

압록강은 꽁꽁 얼어붙었고 밤새 내린 눈이 소복이 쌓여 어디가 강이고 땅인지 분간이 안 됐다. 아침 안개가 자욱한 강 건너 북녘 마을에 유독 우뚝 선 조형물 하나가 멀리 보였다. 북한의 마을마다 반드시 한 개씩 있다는 영생탑이다. 마을 한가운데에 위용 있게 자리했는데, 놀라운 장면은 영생탑 아래에 있었다. 검은색 점으로만 보이는 것이 무엇인가 했더니 다름 아닌 사람들이었다. 너른 들판에 무채색 옷을 입은 사람들이 영생탑 크기에 눌려 점같이 작게 보였다.

한겨울 추위에도 불구하고 여성들이 거름전투를 하고 있다
인분과 볏짚 등을 섞어서 만든 퇴비를 손수레에 담아
일일이 밭에 가져다 뿌리는 작업이다

'위대한 김정은 동지를 수반으로 하는 당중앙위원회를 목숨으로 사수하자'라는 선전 구호 아래 한 여성이 무거운 짐보따리를 메고 힘겨운 걸음을 이어간다

'장군님 따라 천만리'를 외치는 사람들

 골목 어귀에서 굴렁쇠를 굴리며 노니는 아이를 바라본다. 예전 그 시절, 놀이가 마땅치 않았던 우리에게도 유일한 놀잇감이었다. 고층건물이 들어서고 골목이 사라지며 이제 우리 골목에서는 더이상 아이들의 웃음소리를 들을 수 없다. 비록 북한의 어느 동네 풍경이었지만, 어쩌면 어릴 적 추억에 잠길만한 아련한 모습에 마음이 포근해지는 듯했다. 하지만 건물에 내걸린 선전구호는 이내 동심을 짓밟는다. '장군님 따라 천만리'... 이제 세상에 존재하지 않을 굴렁쇠를 여전히 굴리며 노는 아이의 걸음은 마치 북한의 속도를 말해주는 듯하다. 세상과 격리된 채 살아가면서도 속도전을 외치는 그런 북한말이다.

 또 다른 공장 한쪽에 내걸린 선전구호는 '자급자족', '자력자강'이다. 한마디로 억지스러운 고집에 불과한데 그러면서도 '강성조선의 내일'을 또 선전한다. '천만리' 걸음도 모자라 '원수님 따라 하늘땅 끝까지' 따라오라고 외쳐댄다. 대체 그 길 끝에는 무엇이 있단 말인가? 독재자 한 사람을 위해 온 인민의 삶이 철저하게 유린당하는 그곳, 굴렁쇠 굴리는 아이의 웃음이 어두운 그림자에 사무친다. '우리식대로 살아나가자'는 선전구호 앞에 사람들의 꿈은 어둠이 된다.

수령복, 태양복, 장군복을 누리며 살아간다는 북한

1부 시민적·정치적 권리

3. 사생활을 보호받을 권리

Right to

privacy

천편일률적으로 똑같이 생긴 건물은
거대한 집단수용소처럼 느껴진다

"어느 누구도 자신의 사생활,
가정, 주거 또는 통신에 대하여
자의적인 간섭을 받지 않으며,
자신의 명예와 신용에 대하여
공격을 받지 않아야 한다."

Right to privacy

'사생활을 보호받을 권리'란 개인의 사생활을 공개 당하지 않고 방해받지 않으며 자신에 관한 정보를 스스로 관리 통제할 수 있는 권리를 말한다. 세계인권선언 제12조는 "어느 누구도 자신의 사생활, 가정, 주거 또는 통신에 대하여 자의적인 간섭을 받지 않으며, 자신의 명예와 신용에 대하여 공격을 받지 않아야 한다"라고 명시하고 있다. 또한 자유권규약 제17조에서도 사생활을 보호받을 권리에 대하여 규정하며, 모든 사람은 자신의 사생활에 대한 간섭 또는 비난에 대하여 법의 보호를 받을 권리를 가지고 있음을 명시하고 있다.

북한은 사회주의헌법(2019) 제79조에서 "공민은 인신과 주택의 불가침, 서신의 비밀을 보장받는다. 법에 근거하지 않고는 공민을 구속하거나 체포할 수 없으며 살림집을 수색할 수 없다."라고 규정하고 있다.

그러나...

레고 블록이 아닙니다.

북한에서 한국 영화와 드라마를 시청했던 경험이 있는 탈북민들은 한결같이 말한다. 영상 속 주인공들이 사는 집에 어김없이 부부방, 자녀방, 서재와 거실 등이 따로 있는게 너무 신기했다고 말이다. 사적인 공간은 개인의 자아가 형성되는 곳이라 해도 과언이 아니다. 사생활 보호는 인권의 중요한 가치로 여겨진다. 그러나 북한의 주택구조를 보면 사회주의 집단생활의 전형이 그대로 느껴진다.

개별 주택이 아닌 하나의 주택에 벽 하나를 세우고 여러 가구가 생활한다. 사적인 공간은 존재하지 않는다. 개인의 취향이나 개성이 넘치는 건물 디자인 따위는 생각할 수 없다. 천편일률적으로 똑같이 생긴 건물은 거대한 집단수용소처럼 느껴진다. '하나는 전체를 위하여, 전체는 하나를 위하여'라는 선전구호처럼 집은 그저 기계의 한 부속품처럼 개인을 가두어 두는 공간에 불과하다.

한 지붕 아래 몇 세대?

일명 하모니카 집으로 불리는 북한의 주택구조는 한 지붕 아래 여러 가구가 함께 거주하는 형태다. 가벽으로 설치된 집에서 사생활 보호는 애초부터 기대하기 어렵다. 하나같이 똑같은 구조의 집 주택에서 개인의 개성 따위는 생각조차 하지 못한다.

1동 4세대라는 말은 한 지붕 아래 네 가구가 산다는 말이다. 1동 10세대에 살았다고 증언하는 탈북민들도 있다. 칸막이 하나로 세대를 구분해 놓았을 뿐, 바로 옆집에서 속삭이는 소리까지도 다 들릴 정도다. 사생활 보호라는 건 그 단어만큼이나 사치스러움으로 다가온다. 자신만의 공간이 없다는 건, 생각마저 국가의 통제 영역에서 자신의 삶을 송두리째 빼앗김을 의미한다.

결사옹위

　결사옹위라는 선전 구호가 마을 어귀에 내걸렸다. 한 줄로 나란히 놓인 똑같은 집은 개인의 취향이나 개성과는 상관없이 오직 전체를 위해 개인이 희생해야 하는 집단주의의 전형적인 상징이다. 결사옹위, 말 그대로 죽음을 불사하고 수령을 지키라는 것인데, 〈인민대중 중심의 우리식사회주의〉라고 선전하는 것과는 애초부터 모순적인 주장이다. 인민의 낙원에 인민은 없다.

창문에 유리창이 없다

　북중국경에서 촬영한 사진을 나중에 자세히 확대해서 보면, 현장에서는 보지 못했던 새로운 사실을 알게 된다. 땅집이 아닌 연립주택은 외형은 그럴싸해 보이지만 조금만 자세히 들여다보면 그 열악함은 이루 말할 수가 없다. 무엇보다 아파트 창문에 유리창이 거의 없다. 그나마 비닐이라도 붙여 놓은 집은 다행이라 해야 할까? 영하 30도가 넘는 추위에 겨우 비닐 한 장으로 창문을 대신한다. 열 손실을 최소화한다며 보온창틀에 이중 방음창까지 달아 놓는 우리의 현실과 비교해 보면 북녘 아파트 창문은 더없이 초라하다. 창문에 유리창이 있는 건 어쩌면 아주 당연한 것처럼 여겼다. 하지만 북한의 실태를 바라보며, 지금 우리에게 주어지는 그 모든 것이 결코 당연한 것이 아님을 다시 생각한다.

아파트 창문에 유리창이 없다. 그나마 비닐을 씌워놓으면 다행이다

태양열 집열판은 밤새 안녕?

이른 새벽, 무사히 지난밤을 보냈음을 고하려 한 걸까? 사람이 살 것 같지 않은 낡은 슬레이트 지붕 아래에서 한 소녀가 문을 열고 나왔다. 그가 제일 먼저 한 일은 태양열 집열판을 손수 꺼내어 벽에 세우는 일이었다. 밤새 누군가 훔쳐 갈 것을 염려해 집안에 들여놓은 것이다. 열악한 전기 사정도 문제인데 그나마 태양열 집열판 하나조차 도둑으로부터 보호해야 하는 상황이다. 저렇게 얻은 전기로 빛을 밝힐 수 있으려나? 희미한 불빛 하나 없이 칠흑 같은 어둠이 찾아오면 하릴없이 시간을 보낼 수밖에 없다. 사적인 시간을 통해 개인의 자아를 바라볼 빛은 허용되지 않는다.

생활총화

당생활총화 노트 한 권을 어렵게 구할 수 있었다. 해외 파견 북한노동자가 매일 밤마다 생활총화를 하며 작성했던 실제 총화노트다. 생활총화라는 말 자체가 인간의 모든 인격을 말살한다 해도 과언이 아니다. 당이 제시한 10대 원칙에 근거해 자신의 하루를 돌아보며 자아비판을 한다. 여기에서 그치지 않는다. 자신뿐만 아니라 같은 조직에 있는 조직원을 신랄히 비판해야 한다. 행동과 사상에 대한 비판의 근거는 오직 당의 령도와 유일강령 10대원칙에 기준한다.

아파트 창문을 카메라에 담았다. 과연 저곳에도 사람이 살까?

4. 사상·양심 및 종고의 자유에 대한 권리

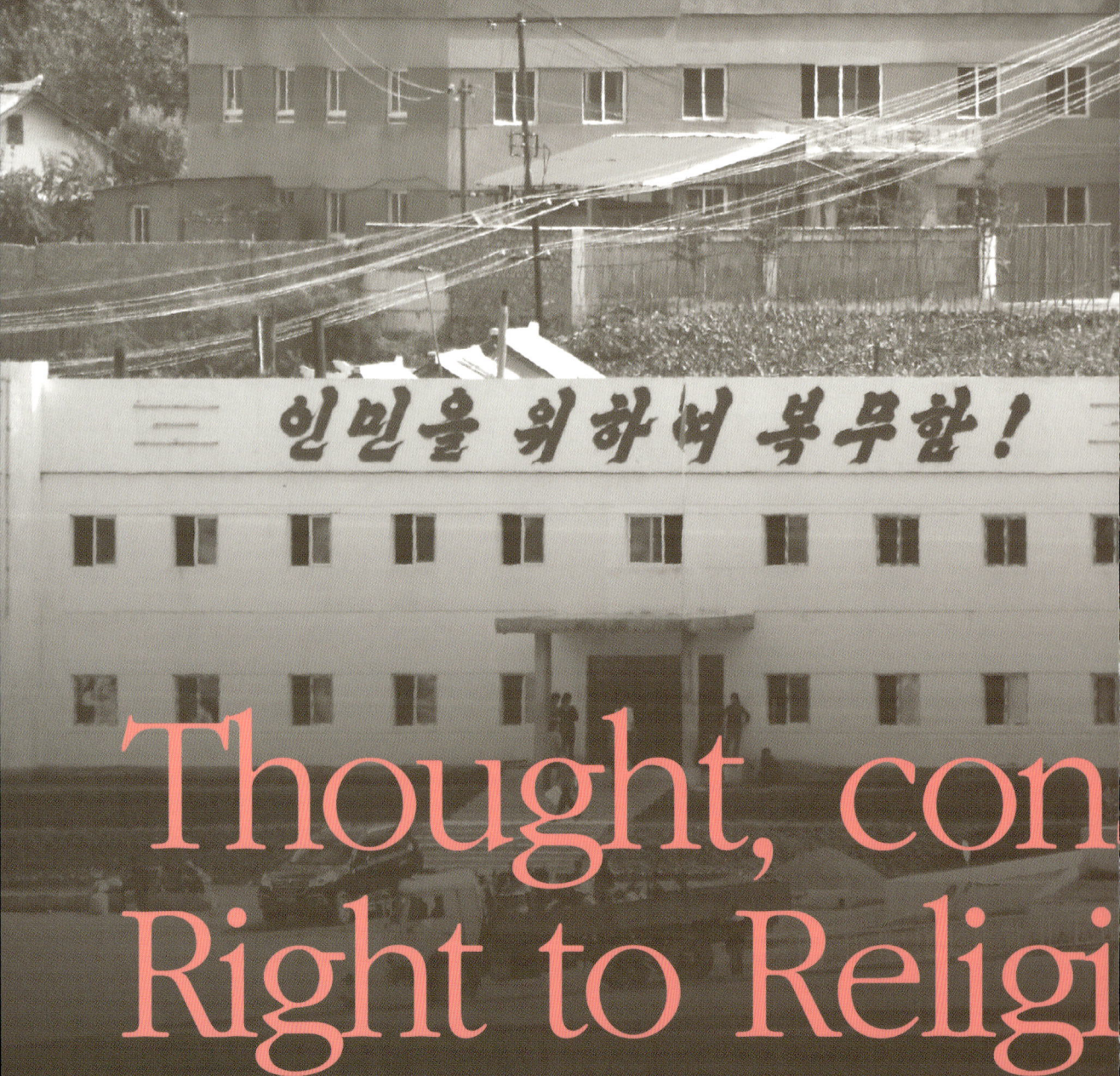

Thought, con
Right to Religi

위대한 주체사상 만세!
《수령님께서 가르치신바와 같이 주체사상은 사람이 모든것의 주인이며 모든것을 결정한다는 철학적원리에 기초하고 있습니다.》 김 정 일

cience and
ous Freedom

"모든 사람은
사상·양심 및 종교의 자유에
대한 권리를 가진다."

Thought, conscience
Right to Religious F

사상·양심 및 종교의 자유에 대한 권리는 표현의 자유의 전제이자 민주주의의 핵심요소이다. 이에 세계인권선언은 제18조에서 "모든 사람은 사상·양심 및 종교의 자유에 대한 권리를 가진다."고 표명하고 있고, 자유권규약도 제18조에서 이를 규정하고 있다. 자유권규약 제18조 제1항에 따르면 사상·양심 및 종교의 자유는 본인이 원하는 종교나 신념을 가지거나 받아들일 자유와 이를 표명할 수 있는 자유를 포함한다.

유엔 자유권규약위원회는 전자의 자유는 개인의 내면세계와 관련된 가장 기본적인 인권 중의 하나로 국가에 의한 어떠한 제한도 허용되지 않는 반면, 후자의 자유는 표현의 자유의 한 형태로서 엄격한 요건에 의해서만 제한이 가능함을 밝히고 있다. 즉, 종교나 신념을 표명할 자유는 사회 안전, 사회 질서 등의 이유로 최소한도로 제한할 수 있을 뿐이다.

북한은 사상·양심의 자유에 대해서는 명문의 규정을 두고 있지 않지만, 신앙의 자유에 대해서는 사회주의헌법(2019) 제68조에서 규정하고 있다. 북한은 유엔 UPR 절차에 참여해오면서 줄곧 "신앙의 자유를 법적으로 공인하였고, 실제로 보장하고 있다."고 주장하였다.

그러나…

북한 전역에 세워진 정치 선전물은 그 수가 몇 개인지 가늠하기조차 어렵다. 영생탑은 북한의 모든 마을에 반드시 세워져 있는 우상화의 상징이다. 〈위대한 김일성 동지와 김정일 동지는 영원히 우리와 함께 계신다〉라는 글씨가 새겨져 있어서 영생탑이라 부른다. 김일성, 김정일은 분명히 죽었다. 죽은 이를 영원히 살아 있다며 영생탑을 세워놓고 종교적 행위 양식으로 섬긴다. 영생탑을 훼손하거나 낙서만 해도 정치범으로 간주한다.

모자이크벽화는 김일성-김정일-김정은의 모습을 형상화한 정치선전물이다. 일명 현지지도의 모습을 담은 지도자를 형상화 한다. 타일 조각을 일일이 모자이크 형태로 붙여서 만들었기에 비가와도 눈이 와도 훼손되지 않는다.
2-3주 간격으로 북한 노동신문에는 특정 지역이나 기관기업소에서 모자이크 벽화를 모시었다는 기사가 나온다. 모자이크벽화는 지금 이 순간에도 계속 세워지는 중이다.

태양절과 광명성절 아침이면 북한 주민들은 어김없이 이들 동상이나 모자이크 벽화를 찾아가 헌화한다. 반드시 그렇게 해야 한다.

북한의 모든 기차역에는 공통된 특징이 있다. 건물의 모양은 다르지만 모든 기차역 정면에는 김일성-김정일 초상사진을 걸어 놓아야 한다. 초상사진 왼쪽에는 〈경애하는 최고령도자 김정은 동지만세〉, 오른쪽에는 〈영광스러운 조선로동당만세〉라는 표어를 걸어두었다. 어떤 기차역도 예외는 없다.

**위대한 수령 김일성동지와 위대한 령도자 김정일동지의 영상을
형상한 모자이크벽화를 황해남도의 여러 단위에 정중히 모시였다.**

　농사는 천하지대본이고 쌀은 곧 사회주의라고 하시며 나라의 제일 큰 농업도인 황해남도의 농업발전을 위해 포전길을 걷고 걸으신 절세 위인들의 자애로운 영상을 형상한 모자이크벽화 《만풍년》이 봉천군 광암농장에 모셔졌다.

　위대한 수령님께서는 주체51(1962)년 12월 한겨울의 맵짠 추위도 아랑곳하지 않으시고 농장을 찾으시여 토지정리와 저수지건설에 힘을 넣으며 영농작업을 기계화하고 알곡생산을 늘일데 대한 귀중한 가르치심을 주시였다.

　인민들의 식량문제, 먹는 문제해결을 위해 언제나 깊은 관심을 돌리시며 크나큰 로고와 심혈을 바치신 위대한 수령님과 위대한 장군님의 거룩한 령도의 자욱은 안악군 읍농장에도 뜨겁게 어려있다.

　도농촌경리위원회 련평목화농장의 일군들과 근로자들은 이민위천을 좌우명으로 삼으시고 오로지 인민의 행복을 위하여 모든것을 다 바쳐오신 절세위인들에 대한 다함없는 그리움과 경모의 정을 안고 모자이크벽화를 모시는 사업에 지성을 다하였다.

　과학농사의 기치를 높이 들고 다수확의 자랑찬 성과로 위대한 수령님과 위대한 장군님의 유훈을 철저히 관철하며 새시대 농촌혁명강령을 빛나는 현실로 펼쳐갈 충성과 애국의 마음은 삼천군 고현농장의 일군들과 근로자들속에서도 뜨겁게 분출되였다.

　황해남도의 여러 단위에 모자이크벽화를 정중히 모신것은 위대한 수령 김일성동지와 위대한 령도자 김정일동지를 영원히 높이 모시고 경애하는 김정은동지의 령도따라 전면적국가부흥의 새 지평을 향한 력사적진군을 힘있게 다그쳐나갈 일군들과 근로자들의 신념과 의지의 발현으로 된다.

　모자이크벽화준공식이 해당 단위들에서 진행되였다.

영생탑

　북한의 모든 마을 단위에는 반드시 영생탑과 모자이크벽화가 설치되어 있다. "위대한 김일성 동지와 김정일 동지는 영원히 우리와 함께 계신다"라는 글귀가 새겨져 있어서 영생탑이라 부른다. 북한의 행정구역 수를 세면 대략 몇 개의 영생탑이 있는지 알 수 있을 것 같지만, 마을 안에 큰 기업소가 있다면 마당에는 또 다른 영생탑이 세워져 있다. 그러니 그 수를 헤아리기조차 어렵다. 신앙처럼 우상화된 정치선전물은 당연히 신앙의 자유를 제약한다. 누군가 훼손하면 그 사람은 정치범으로 간주한다. 북한 주체사상은 사이비 이단처럼 종교가 되었고, 북한 주민을 수령교를 믿는 신도로 만들었다. 그런 곳에 종교의 자유가 있을 리 만무하다.

김일성-김정일주의연구실

　북녘의 모든 마을에는 영생탑과 모자이크벽화 그리고 〈김일성-김정일주의연구실〉 건물이 있다. 건물 입구에는 "위대한 김일성-김정일주의로 철저히 무장하자"라는 구호가 선명하다. 김일성-김정일-김정은으로 이어지는 3대 세습마저도 용납하기 어려운 일인데, '○○주의'에 김일성-김정일을 붙였다. 개인의 올바른 신념이 아닌 이념이 우상화되고 이데올로기화되어 거대한 독재 왕국을 세웠다. 김일성-김정일 주의라니… 그러면 김정은이 죽으면 김정은주의가 될려나, 김일성-김정일-김정은주의가 되려나.

모자이크 벽화

북한 매체는 연일 김정은의 은덕으로 노동당 시대의 선경을 꾸렸다고 선전한다. 평양에 새롭게 세운 건축물을 자랑하느라 정신이 없다. 화려한 조명을 밝힌 려명거리의 모습이 북한 달력 표지로 등장할 정도다. 그런데 아무리 봐도 허상에 불과하다. 여기 두 장의 사진을 비교해 보면 확실히 알 수 있다.

똑같은 장소에서 낮과 밤에 촬영한 모습

밤에 찍은 사진을 보자. 언뜻 보면 화려한 네온사인이 건물마다 가득 드리워진 모습처럼 보인다. '우리나라 사회주의제도 만세!'라는 거대한 선전판에도 환하게 불을 밝혔다. 어떤 이는 이 사진을 보며 북한의 전기 사정이 그리 열악한 수준은 아니라며 불야성을 이룬 풍경을 추켜세워 말한다. 산간 오지 마을에도 이토록 밝게 네온사인을 밝히니 북한의 경제가 나아지고 주민들은 살 만하다는 주장이다. 그런데 정녕 사실일까?

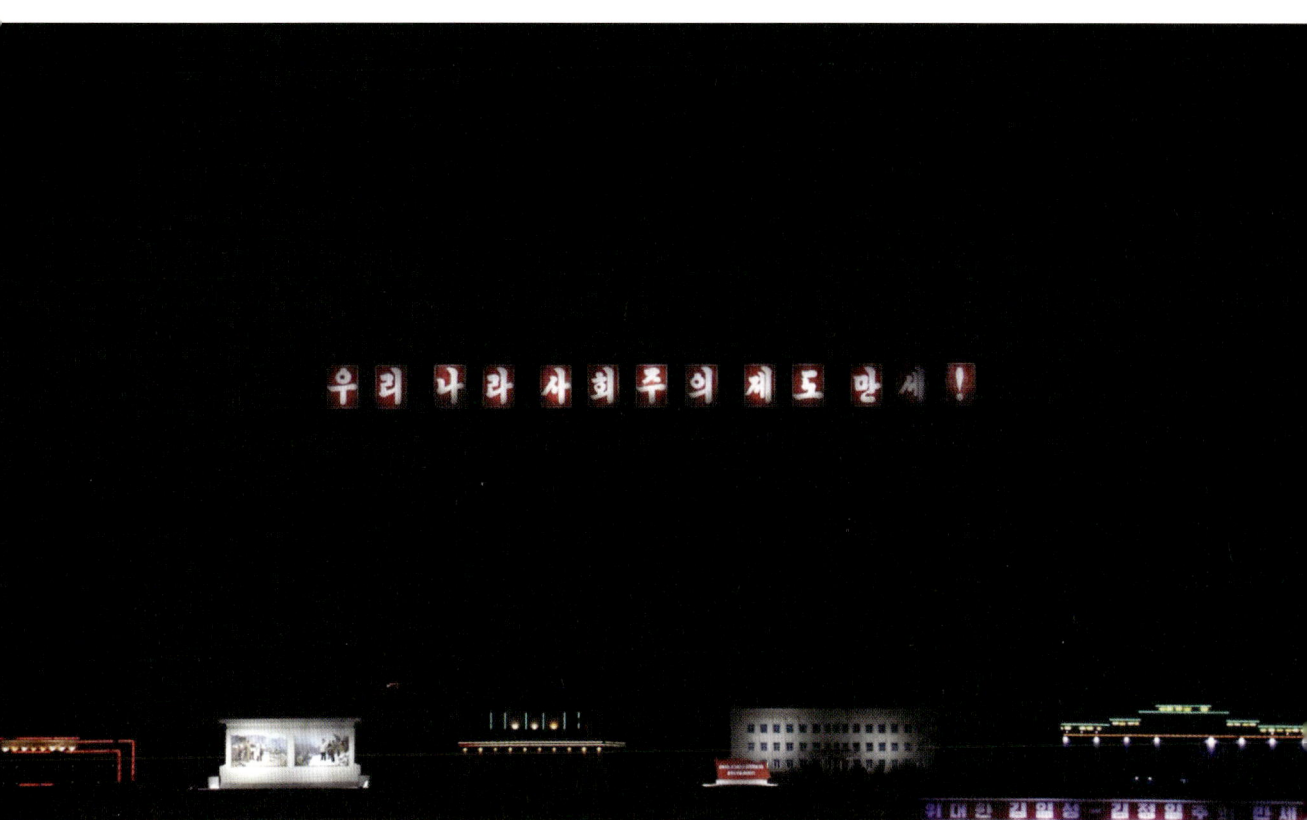

여기 또 다른 한 장의 사진이 있다. 바로 똑같은 지역을 낮에 촬영한 모습이다. 밤에 보였던 풍경과는 사뭇 다르지 않은가? 무엇보다 밤에 불을 휘황찬란하게 밝혔던 곳은 바로 문화예술회관·학교·당 청사를 비롯한 공공건물과 선전화를 그려 넣은 대형 모자이크 벽화다.

김일성, 김정일, 김정은의 현지지도 모습을 형상화한 모자이크벽화는 북한의 모든 마을에는 반드시 세워져 있다. 모자이크벽화를 낮과 밤에 각각 촬영한 사진을 따로 비교해 보았다. 밤에 보면 그 크기를 가늠하기 어렵다. 낮에 촬영한 모자이크벽화 밑에 개미처럼 작게 보이는 사람을 발견했다. 그 크기가 얼마인지 대략 짐작할 수 있다.

북중국경 마을의 밤은 휘황한 불빛이 아니라 북한 주민들의 아우성으로 채워지는 듯하다. 저 사회주의 제도를 부러워하며 허상을 실상처럼 보는 이들이 있다는 사실이 더욱 놀라울 뿐이다. 제발 그 가려진 허상의 실체를 봐야 하지 않을까?

사람의 크기가 이 정도로 작게 보이니(빨간원) 모자이크벽화가 얼마나 큰지 알 수 있다

기차역도 체제선전장?

　북중국경을 달리다 보면 압록강 너머 마을마다 유독 눈에 띄는 건물이 있다. 한적한 시골 마을에는 왠지 어울리지 않을 것 같은 현대식 건물이 이채롭다. 바로 기차역 건물이다. 평양을 비롯해 북한의 모든 기차역은 공통점이 있다. 바로 기차역사 가운데에 김일성-김정일 초상사진이 걸려 있다는 점이다. 그리고 초상사진 왼쪽에는 '경애하는 최고령도자 김정은 동지 만세'를 오른쪽에는 '영광스러운 조선로동당 만세'라는 구호를 똑같이 새겨 놓았다. 어떤 기차역도 예외는 없다. 건물 모양은 제각각 다르지만, 초상사진과 선전 구호 글귀는 모든 기차역이 똑같다. 밤이 되면 기차역 건물은 어둠에 덮이지만, 초상사진과 선전 구호에는 환하게 불을 밝힌다. 하루 한 대도 다니지 않을 만큼 기차운행은 중단되었고, 건물은 금세라도 바스러질 듯 낡았다. 그러면서도 김정은과 조선로동당 만세를 외쳐댄다.

　마침 함경북도 강양역 아래에서 북녘 주민을 만났다. 김일성과 김정일은 환히 웃고 있지만, 주민들의 시름은 온 하늘을 덮는다. 한국에서 기차는 사람과 사람을 잇는데, 북한에서 기차는 오직 정치선전장으로만 이용되는 모양이다. 저 초상사진을 언제쯤이면 땅바닥에 내릴 수 있을는지.

림토역 플랫폼에 누워 기차를 기다리는 북한군인
북한에서 기차는 정확한 시간에 운행되지 않는다. 기차는 와야 오는 것이다

인민을 위하여 복무함
- 그리고 주체사상 만세?

멀리 흰색 건물 사이로 파란색 가림막을 쳐놓은 구조물이(빨간원) 하나 보인다

조금 더 확대해서 보니
무엇인가 만드는
공사가 한창 진행중이었다

한 달 정도의 시간이 지난 후 결국 완성된 건…

"사람이 모든 것의 주인이며 모든 것을 결정한다는 것이 주체사상의 철학적 원리"라고 말한다. 그런데 그 사람은 반드시 수령의 영도를 받아야만 한다고 떠들어 댄다. 수령과 당과 대중이 하나가 될 때 완전한 사회적 생명을 이룰 수 있다며 수령과 당에 대한 충성을 강조한다. '인민을 위하여 복무한다'면서 인민의 고혈을 쥐어짜 자신만의 왕국을 꾸려간다.

5. 집회에 참여하지 않을 권리

Right not in assemb

<2023 북한인권 보고서> 증언 중에서

김정은이 참여하는 행사를 1호행사라고 해서 9.9공화국 창건일 등에 김일성광장 앞에서 군중시위에도 동원된 적이 있고, 태양절이나 7.8일 김일성 서거일에 태양궁전에 참배하기도 합니다. 김일성, 김정일 생일이나 서거일에는 동상에 가서 꽃다발을 드리고 인사를 드리기도 합니다. 학교에서 특정 학년을 지정하여 해당하는 학년 전체가 동원되거나, 특정 회사가 지정되면 그 조직에 소속된 사람들이 동원되는 식이었습니다. 불참할 수는 있겠지만 비판받기 때문에 불참하는 경우는 거의 없습니다.

Right not to participate in assemblies

세계인권선언 제20조에는 '집회의 자유에 대한 권리는 자유로운 의사에 의해 집회에 참여할 수 있는 권리뿐만 아니라 강제에 의해 참여해야 하는 집회에 불참할 권리도 포함한다'고 명시되어 있다.

그러나 북한에서는 개인적 자유와 권리를 침해받은 채 신앙처럼 우상화된 특정인을 위한 집회에 강제 동원되고 있다.

"우상화된 특정인을 위한
집회에 강제동원"

언덕을 내려오는 사람(빨간원)이 저 정도 크기이니
모자이크벽화가 얼마나 크게 설치되어 있음을 알 수 있다

사람이 꽃보다 아름다운 것을

　북중국경에서 사진을 촬영하며 마침 김일성·김정일 벽화 앞에 놓인 꽃다발을 볼 수 있었다. 매번 오가던 길에서 마주한 모자이크벽화였기 때문에 일상처럼 그저 무심히 바라봤다. 그런데 평소와 달리 벽화 앞에 가지런히 놓인 꽃다발이 한눈에 들어왔다. 마침 그날은 4월 15일이 지난 어느 날이었다. 김일성의 생일을 기념해 주민들이 가져다 놓은 꽃다발이었다.
건물 크기만큼 큰 모자이크벽화에 새겨진 김일성·김정일의 웃음이 더없이 잔인하게 다가온다.

　저곳에 꽃을 가져다 놓으며 북한 주민들은 무슨 생각을 했을까? '수령복'이라고 말하는 것처럼 진정 수령을 모시고 사는 것이 행복이라 느꼈을까? 꽃은 아름답고 순수하고 예쁘다. 사람은 꽃보다 더 아름답다고 노래하지 않았던가. 하지만 북한에서는 꽃마저도 우상화를 위한 수단에 불과하다. 벽화 앞에 놓인 꽃은 사람보다 더 아름답고 숭고한 존재가 된다. 북녘땅 그곳에서는 결코 사람이 꽃보다 아름답지 않았다.

김일성-김정일 초상사진

하얀 건물에 김일성-김정일 초상사진이 내걸렸다. 마치 무채색의 옷과 같이 무표정한 모습으로 초점 잃은 걸음걸이에 비교하면 하얀 이빨까지 내보이며 환하게 웃고 있는 그들의 표정은 사람의 마음을 옥죄인다. 낡고 헤진 흑백사진의 한 장면처럼 김일성-김정일의 초상사진은 저들만의 집단임을 명확히 말해준다. 인민들을 내려다 보는 그들의 웃음이 얼마나 부끄러운지. 어디를 가나 건물 벽에 내걸린 김일성·김정일의 사진 앞에서 북한 주민들의 시름은 더욱 깊어간다.

모자이크벽화 아래 화환이 놓였다

조선직업총동맹

　모든 북한주민은 만7세부터 퇴직 시까지 생애주기별로 조선소년단, 사회주의애국청년동맹, 조선직업총동맹, 조선농업근로자동맹, 조선사회주의여성동맹 등 노동당의 지도 감독을 받는 각종 사회단체에 의무적으로 가입해야 한다.

　김일성은 "조선직업총동맹은 우리 당을 정치사상적으로 옹호 보위하며 당의 혁명로선을 관철하기 위하여 투쟁하는 우리 당의 믿음직한 방조자이다"라고 규정했다. 노동당원이 아닌 30세 이상의 모든 직장의 노동자와 기술자 그리고 사무원들이 해당 되며 약 160만 명에 이르는 것으로 추정된다.

　압록강변에서 '조선직업총동맹'이라고 쓴 기차 한 대를 바라본다. 어느 시골 마을에 잠시 정차한 열차에 선명히 새겨진 글발이다. 망원렌즈로 확대해서 보니 기차 안에서 창밖을 무심히 내려다보는 사람들과 마주한다. 태어나서 죽을때까지 반드시 사회단체 조직에 가입해야 한다는 곳이다. 사람은 조직 안에 있을 때만 숨 쉬며 생명을 부지한다고 외쳐댄다. 기계의 부속품 같은 인간의 생애여.

조선사회주의여성동맹(여맹)

철조망 너머 한 무리의 여성들이 걸어온다. 제복을 입고 있었지만 여군은 분명 아니었다. 말로만 들어 알던 여맹원들을 직접 보게 되는 순간이었다. 단체작업을 마치고 집으로 돌아가는 길이었을까? 태어나서부터 죽을 때까지 반드시 조직에 가입해야 한다는 생의 단면을 본다. 여성으로서 삶이 아닌 여맹 조직원으로서 그들의 삶은 어떠할까? 어머니라는 이름도 조직 앞에서는 한낱 기계의 부속품에 불과한 것임을 그녀들도 잘 알고 있으리라.

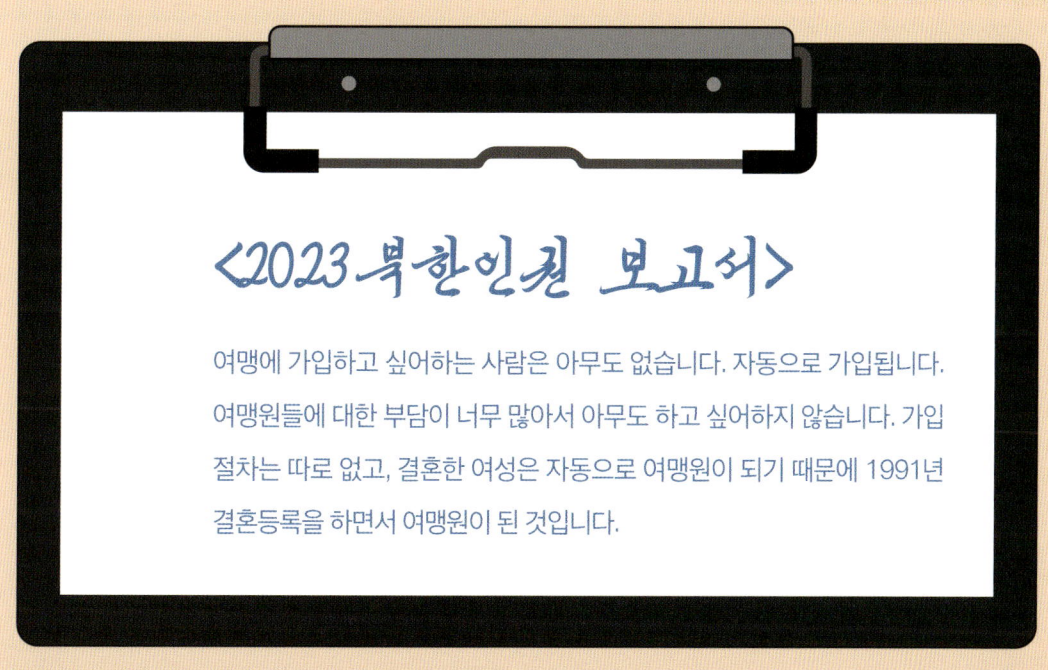

<2023 북한인권 보고서>

여맹에 가입하고 싶어하는 사람은 아무도 없습니다. 자동으로 가입됩니다. 여맹원들에 대한 부담이 너무 많아서 아무도 하고 싶어하지 않습니다. 가입 절차는 따로 없고, 결혼한 여성은 자동으로 여맹원이 되기 때문에 1991년 결혼등록을 하면서 여맹원이 된 것입니다.

2부

Economic, social and cultural rights

경제적·사회적·문화적 권리

경제적·사회적·문화적 권리는
교육권, 주거권, 적절한 생활수준에 대한 권리,
건강권, 피해자의 권리, 과학과 문화에 대한 권리와
같은 사회 경제적 인권이다.

1. 식량권

Right to fo

"자기 자신과 가정을 위한
적당한 생활수준을
누릴 권리를 가지며,
국가는 기아로부터의
해방을 기본적인 권리로 인정"

Right to food

경제적·사회적·문화적 권리에 관한 국제규약(이하 사회권규약) 제11조는 모든 사람이 식량, 의복 및 주택을 포함하여 자기 자신과 가정을 위한 적당한 생활수준을 누릴 권리를 가지며, 국가는 기아로부터의 해방을 기본적인 권리로 인정하고 개별적이거나 국제협력을 통하여 필요한 조치들을 취해야 한다고 하였다.

북한은 사회주의헌법(2019) 제25조에서 국가는 모든 근로자들에게 먹고 입고 쓰고 살 수 있는 온갖 조건을 마련하여 준다고 규정하고, 먹는 문제 해결을 위해 농업생산 관련 정책을 농업법(2020), 농장법(2021), 양정법(2021) 등에 반영하였다고 주장한다. 2021년 제8차 당대회에서 제시한 '경제발전 5개년 계획'(2021-2025)에서도 식량생산 증대 및 농업의 물질 기술적 토대 구축을 주요 목표로 제시하였다.

그러나…

사금 캐는 사람들

거대한 철문이 열리자 한 무리의 사람들이 쏜살같이 나와 압록강으로 향한다. 변변한 잠수복이라 할 것도 없이 천 쪼가리 하나 걸쳐 입고 세찬 물살을 가른다. 거센 압록강 물살을 헤치고 강을 건너며 서로 맞잡은 가녀린 손은 생명줄이 된다.

압록강 거센 물줄기를 가르며 조심스럽게 한 발 한 발 내 딛는 모습이 위태로워 보인다. 한동안 물에서 잠수하던 사람은 물 밖으로 나오자마자 손등에 찬 기계로 무언가를 확인한다. 아마 금의 순도를 알아보는 것이리라.

외화벌이를 목적으로 사금이라 부르는 금가루를 강변에서 채취해 중국으로 파는 사람들이다. 강물에 떠 있는 하얀색 포대가 사람이었다는 사실은 그들이 물 밖에 나온 후에야 알아차릴 수 있었다. 잠수를 위해 등짝에 짊어진 납과 돌덩어리가 엄숙하리 만큼 무겁게 느껴진다. 강물에 몸을 맡긴 삶의 무게가 참으로 고단해 보인다.

"엄마야 누나야 강변 살자, 들에는 반짝이는 금모래 빛 …"이라 읊조리며 시인은 강변의 아름다움을 노래했다. 하지만 압록강변 사람들에게 금모래는 그저 국가에 바쳐야 하는 생존의 가루일 뿐이다. 반짝반짝 물결에 일렁이는 아득한 청춘의 꿈이여 ….

쌀로써 당을 받들자

2019년 4월 29일 북한 노동신문에는 "쌀로써 당을 받들자"라는 제목의 정론기사가 실렸다. "모든 힘을 농사에 총집중, 총동원 하는 것은 우리 당의 숭고한 뜻"이라며 "쌀이 금보다 귀하다"고 했다. 이어서 "적대세력들의 제재압살책동을 무자비하게 짓부셔버리는 승리의 포성은 농업전선에서부터 우렁차게 울려 퍼져야한다"고 강조했다.

들녘 한가운데 세워놓은 "쌀로써 당을 받들자"라는 선전 구호가 참으로 생뚱맞다. "쌀이 금보다 귀하다"할 만큼 식량 사정이 절박한 상황에서 정작 북한주민이 아닌 당을 위해 쌀을 바치라는 북한 정권의 위선이 그대로 드러나는 대목이다. 지금의 식량난과 대북제재는 북한당국의 미사일 발사와 핵실험 등 무력도발에 따른 결과다.

대북제재로 인해 마치 주민들이 생활고에 시달리며 이를 극복해 나가자는 논리는 앞뒤가 맞지 않는다. 북한당국을 비롯해 우리 사회 일각에서 주장하는 대북제재 철회는 북한당국이 비핵화를 하면 자연스럽게 해결될 일이다. 그럼에도 비핵화를 해결책으로 제시하는 게 아니라 자력갱생을 강조하며 인민들의 허리띠를 졸라매라 한다.

'적대세력의 제재압살책동'을 벗어나는 유일한 길은 북한당국이 비핵화와 인권개선을 과감히 선택하는 것이다. 농사짓는 땅만큼 정직한 것은 없다고 했다. 아마 북한땅도 그 정권의 폭압이 얼마나 거짓된 것인지를 아는 듯하다. 수탈과 폭정으로 생명이 움트지 않는 놋쇠같이 굳어 버린 곳, 북한 주민들의 눈물만이 메마른 땅을 적신다.

산에 있는 밭

　북중국경 1,500km를 달리는 내내 북녘땅은 황톳빛 벌거숭이였다. 산에 있어야 할 나무는 단 한 그루도 살아남지 못하고 산은 조그만 밭뙈기로 변했다. 저 높은 곳까지 어떻게 오를까 생각할 정도로 까마득한 곳까지 모두 개간을 했다. 세상 그 무엇이든 당연히 있어야 할 자리, 바로 제자리가 있다. 북녘땅 독재자가 서 있는 곳은 응당 제자리가 아니다. 조그만 밭뙈기 하나에 의지해 겨우 먹을거리 하나 구할 수 있는 그들에게 제자리는 어디일까?

산에는 나무 한 그루 자라지 못하고, 온통 밭으로 경작되었다

북한인권, 사진으로 외치다

21세기 친환경 운송수단은 소달구지?

소달구지가 지나는 황량한 들판, 시간의 속도가 멈춘 듯하다. 느릿느릿 세월을 담아 한가로이 거니는 낭만적 풍경이라 말한다면 소달구지에 묶인 노인의 시름을 너무 가벼이 여기는 것이리라.

뉘엿뉘엿 해 지는 북한의 들녘, 집으로 돌아가는 소달구지 위로 하루의 시름이 내려앉는다. 나무와 쇠가 아니더라도 타이어 바퀴라도 달린 달구지라면 조금은 쉬이 가려나? 변변한 운송수단 하나 없이 소와 말을 이용한 수레에 짐을 가득 실었다.

그나마 수레에 달린 고무 타이어 바퀴가 그토록 소중한 것인지 이 광경을 보기 전까지는 미처 알지 못했다. 마치 조선 시대로 타임머신을 타고 간 듯 시간이 거꾸로 흐르고 있다. 아니, 어쩌면 북녘의 시간은 거꾸로 흐르는 것도 아니고 과거 그때에 멈춰 있다 해도 과언이 아니다.

세상은 날로 변해 21세기 친환경 전기차가 빛의 속도로 달려가는데 북한은 도무지 세상에 접속하려 하지 않는다. 소달구지를 21세기 친환경 운송수단이라 말한다면 그건 문명의 이기를 누리는 우리만의 시선이다. 느림의 미학이라 포장하기에는 그들의 삶이 너무 고단하고 아프다. 그들도 우리와 똑같이 달릴 수 있어야 한다. 그게 바로 북한인권이다.

2. 건강권

Right to hea

"모든 사람이 도달 가능한
최고 수준의
신체적·정신적 건강을
향유할 권리"

Right to health

건강은 인간다운 삶, 행복한 삶을 위한 기본적인 조건이다. 세계보건기구(WHO)는 '오타와헌장'에서 '건강'은 삶의 질을 결정하는 요소라고 강조하였다. 사회권규약에서는 건강권에 대하여 '모든 사람이 도달 가능한 최고 수준의 신체적·정신적 건강을 향유할 권리'라고 설명하고 있다.

북한은 2019년 제출한 제3차 UPR 보고서에서 인구의 평균 수명을 높이고, 유아사망률을 낮추며, 숙련된 의료 종사자가 지원하는 출산 비율을 확대하는 등 핵심 건강지표를 주요 선진국 수준으로 맞추기 위하여 노력하고 있다고 보고하였다. 또한 2021년 제출한 VNR 보고서에서는 중앙에서 최하위 조직까지 의료시설이 갖추어져 있으며, 각 도마다 의과대학, 간호사 양성기관 등 의료인력 훈련센터와 의료연구소를 운영하고 있다고 주장하였다.

그러나...

간판을 확대해서 보니(빨간원) 다름아닌 병원이라 쓰여있다
저런 시설에서 무상의료를 선전한다

삼봉철도병원 간판이 내걸렸고, 난간에서 여성은 고추를 말린다

북한인권, 사진으로 외치다

병원 창문으로 겨우 실내를 엿볼 수 있었다
한눈에 봐도 의료장비가 낡고 열악한 시설임을 알 수 있다

쓰레기 더미를 지나가는 북한주민

돼지가 우물에 빠진 날

물지게를 어깨에 둘러 메고 그들이 향한 곳은 다름 아닌 우물이었다. 수도꼭지 하나만 틀면 뜨거운 물이 콸콸 쏟아지는 세상이다. 길거리 화장실에도 휴게소에도 어디나 물을 구하는 건 어려운 일이 결코 아니다. 그저 물 한 동이일 뿐이다. 하지만 집에서 수백 미터나 떨어진 곳까지 물통 하나 들고 걸어가야 하는 그들의 생활을 우리는 그저 신기하게 바라볼 뿐이다. 우물이라는 단어마저도 생소한 시대지만 그들에게는 생존 그 자체다.

마을어귀에 사람이 보였다(빨간원)
확대해서 보니 우물에서 물을 길어가는 여성들이었다

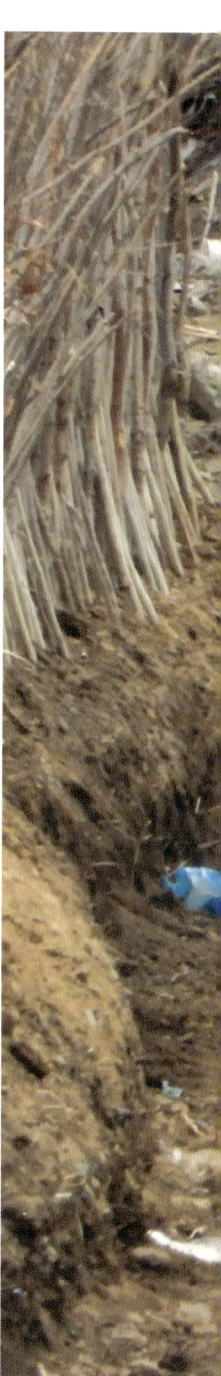

<2023 북한인권 보고서> 증언중에서

"북한에서 수돗물은 제한적으로 공급되는 것이 다반사이며 그 물이 깨끗하지도 않았습니다. 수돗물이 나오지 않을 때는 새벽에 일찍 압록강에 가서 물을 길어다가 쓰곤 하였습니다. 수돗물도 집마다 달랐는데, 수도관이 잘되어 있는 지역이면 자주 나오지만 저희 집은 잘 나오지 않았습니다. 수돗물이 나온다고 하면 그것을 받아놔야해서 항상 신경을 쓰고 있어야 했습니다. 가호마다 물탱크 200리터 정도는 가지고 있어야 하는데 보통 수돗물을 받아놓은 것은 식수로 이용하고 빨래 등은 압록강에 나가서 하였습니다."

한겨울, 압록강에서 물을 길어가는 여성

3. 근로권

Right to wo

"모든 사람에게
자유로운 직업을 선택할 권리,
공정하고 유리한 근로조건에서
노동할 권리"

Right to work

세계인권선언 제23조에서는 모든 사람에게 자유로운 직업을 선택할 권리, 공정하고 유리한 근로조건에서 노동할 권리, 실업으로부터 보호받을 권리, 동일노동에 대한 동등한 보수를 받을 권리, 노동조합을 결성하고 가입할 권리가 있음을 명시하였으며, 제24조에서는 모든 사람은 근로시간의 합리적 제한, 휴식과 여가에 관한 권리를 가지고 있음을 선언하고 있다. 사회권규약에서 국가는 자유롭게 선택하거나 수락한 노동에 의해 생계를 영위할 권리 등을 보호하기 위하여 적절한 조치를 취해야한다고 명시하였으며, 모든 사람이 공정한 임금과 차별 없는 동등한 보수 등을 향유할 권리를 갖는다고 하였다.

북한은 사회주의헌법(2019) 제70조에서 '공민'의 노동에 대한 권리에 대해 모든 근로자는 희망과 재능에 따라 직업을 선택하며, 안정된 일자리와 노동조건을 보장받고, 능력에 따라 일하며 노동의 양과 질에 따라 분배를 받는다고 명시하였다. 사회주의노동법(2015)에서는 기관, 기업소, 사회단체의 적재적소 근로자 배치, 근로시간, 보수지급 등을 규정하고 있다.

그러나...

우리네 아버지도 그랬을까?

〈자력갱생의 기치 높이 사회주의건설의 새로운 진격로를 열어나가자〉라는 선전구호가 보인다. 안으로부터 굳게 틀어 잠그고 자력갱생하자 외쳐댄다.

콘크리트와 철근 대신 나무로 기둥을 세웠으니 밑절미는 당연히 굳세지 못하리라. 자력갱생의 공헌한 외침마냥 붉은 깃발이 허공에 나부낀다. 〈전인민적인 총공세〉, 〈자급자족〉을 강조하면서 죽음으로 지키자는 〈결사옹위〉는 정작 생명을 담보하지 못한다. 빛의 속도를 살아가는 시대에 소달구지를 몰아가며 새로운 진격로를 열어가자 한다. 그 시절 우리네 아버지도 그러했을까? 팔뚝에 서린 굵은 핏줄은 집안의 가장으로서 짊어져야 할 가족의 무게를 담은 듯 하다. 〈하나의 대가정〉이라 외치지만 않으면 사랑하는 가족들과 도란도란 마주앉아 하루의 시름을 달랠 수 있으련만... 건물 꼭대기에 위태롭게 선 아버지의 바람 칼이 하늘에 닿는다.

김정은이 '질제고'를 강조하자 건설장에 '천년책임, 만년보증'이라는 선전구호가 내걸렸다

해외파견노동자

　북한정권이 외화벌이를 위해 해외에 파견하는 노동자들의 인권침해는 북한정권의 포악성을 그대로 말해준다. '충성의 외화벌이'라 부르는 해외 파견 노동자들은 정당한 임금을 받지 못함은 물론 열악한 노동현장에서 그야말로 노동착취를 당한다.

영하 40도가 넘는 러시아 연해주의 혹한에도 건설노동자들의 노동은 밤낮으로 이어진다. 군 복무를 대체하는 돌격대에게는 임금이라는 개념도 없다. 좁은 컨테이너 하나에 30명이 함께 숙식하며 지낸다. 새벽 6시부터 시작한 힘겨운 노동은 저녁 10시가 넘어야 겨우 마무리 될 수 있다. 숙소에 들어오면 바로 잠자리에 들 수 있는 것도 아니다. 생활총화가 기다린다. 해외 파견 북한 식당에 근무하는 여성들의 노동 환경은 더욱 열악하다. 그들에게 인권이라는 말은 그야말로 사치다.

러시아 연해주 길거리에서 마주한 북한노동자
왼쪽 가슴에 김일성-김정일 초상휘장을 달았다

길거리에서 러시아 경찰에게 검문을 당하는 북한노동자

2023년 4월 러시아 블라디보스톡에서 촬영한 모습. 그들의 노동은 밤 10시가 넘도록 계속 되었다

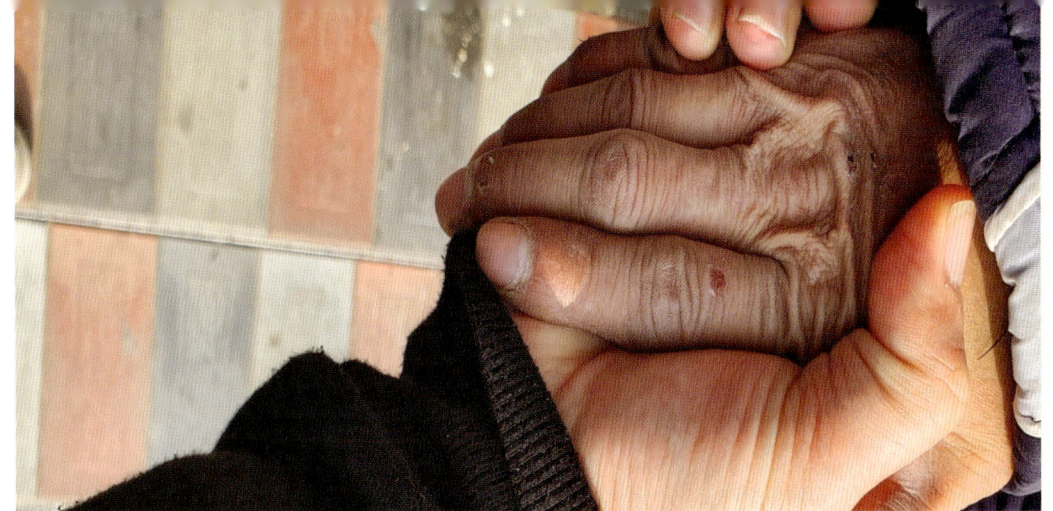
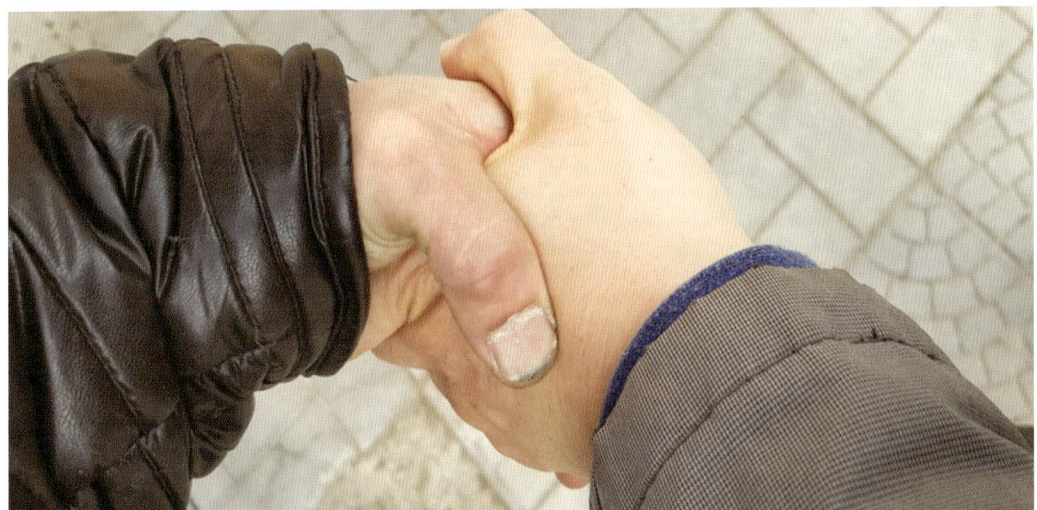

그들과 맞잡은 손은 굳은살로 억세고 거칠었다

건설현장 한켠에 스티로폼 하나 깔아놓고 숙식을 해결한다

가족에게 보낸 돈이 사라지다

해외파견 북한노동자들은 그 열악한 상황에서도 단돈 1원이라도 아끼고 모아서 북한에 있는 가족들에게 돈을 보내려 한다. 북한으로 보내는 편지 속에 달러를 넣어서 보내는데 정말 충격적인 장면을 목격했다. 평양과 블라디보스톡을 오가는 고려항공 편으로 외교행랑과 노동자들이 북한으로 보내는 편지가 배달된다. 그런데 관리인으로 보이는 사람이 공항에서 편지를 일일이 검열하더니 봉투 속에 들어 있는 돈은 모두 자기 주머니로 가져갔다. 그나마 얼마 되지도 않은 돈을 가족에게 보내고 기뻐했을 노동자들의 웃음이 눈에 선하다. 하지만 그 돈은 결코 가족들에게 전달되지 않았다. 비록 이 책에서는 얼굴을 모자이크 처리했지만, 똑똑히 기억하고 기록으로 남겨두려 한다.

Right to ed

"교육은 인권과 자유를
존중하고
모든 집단을 포용하며,
세계평화를 유지하기
위한 것이어야 함을
선언하고 있다."

Right to education

세계인권선언은 제26조에서 모든 사람은 '교육을 받을 권리'를 가지며, 교육은 인권과 자유를 존중하고 모든 집단을 포용하며, 세계평화를 유지하기 위한 것이어야 함을 선언하고 있다. 증오와 불관용을 가르쳤던 나치시대의 교육정책에 대한 비판에서 교육을 인권의 차원으로 격상시키고, 교육의 목표는 자유·정의·평화를 위한 것이어야 함을 명시한 것이다.

사회권규약도 제13조에서 모든 사람의 교육권을 인정하며, 교육권의 실현을 위하여 규약 당사국에게 다음과 같은 이행의무를 부과하고 있다. 당사국은 인권과 자유의 존중, 포용과 평화의 증진이라는 규약상의 교육목표에 따라 교육이 이루어지도록 보장하며(제13조 제1항), 초등교육을 모든 사람에게 무상 의무교육으로 제공하고, 중등 및 고등 교육에 있어서도 무상교육을 점진적으로 도입하여 중등교육은 모든 사람이 동등하게, 고등교육은 능력에 따라 이용 가능 하도록 해야 한다(제13조 제2항).

북한은 무상교육이 이루어진다고 선전한다.

그러나…

천리길을 걷는 아이들

한 무리의 아이들이 산비탈길을 걷는다. 저마다 한 짐의 배낭을 짊어지고 붉은 깃발 높이 든 선두를 따라간다. 배낭에 달린 하얀색 표지가 눈에 띄었다. 사진을 확대해 보니 "총폭탄", "일당백", "백두의 혁명정신"이라 쓴 글귀가 보였다. 각오를 다지는 구호일까? 북한의 아이들은 14살이 되면 준군사조직인 〈붉은청년근위대〉에 가입한다. 10일 이상 계속되는 행군과 숙영을 하는 야외훈련에 참가하는 것도 이 시기다. 사춘기 소년의 수줍음은 생각할 겨를도 없이 붉은깃발 아래 군인으로 자라간다. 고갯마루 넘어가면 무엇이 기다릴까? 뚜벅뚜벅 발걸음을 옮기는 아이들의 거친 숨소리가 희뿌연 흙먼지에 묻힌다.

김일성이 걸어간 길을 그대로 따라간다며 천리길(400km)를 걷는 아이들

학교 건물에 내걸린 선전구호. 이런 곳에서 무엇을 배운단 말인가

매맞는 아이

처음에는 그저 강변에서 물고기를 잡는 아이들이라고만 여겼다. 최소한 사나운 어른이 나타나기 전까지는 그러했다. 무엇을 그리도 잘못했을까? 할당량을 채우지 못한 채 강변에 놓였던 소쿠리가 텅 비어서였을까? 호통을 치며 물 밖으로 아이를 불러내고 이내 어른의 손에는 몽둥이가 쥐어졌다. 몽둥이로 때리는 것에 그치지 않고 발길질에 아이는 물속으로 고꾸라진다. 뺨을 맞은 아이는 한동안 얼굴을 움켜진 채 몸을 움츠렸다. 아이는 벌장대지도 못한 채 그렇게 한동안 폭력은 계속되었다.

평화로운 한반도를 외치면서 축사나 하며 행사장을 돌아다니는 누군가의 자녀들은 자유의 땅 미국에서 폭력 없는 삶을 살고 있을 것이다. 이제 방학이니 사랑하는 부모님을 찾아 고국에 잠시 들어올지도 모른다. 그들만 본다면 그 얼마나 평화롭고 풍요로운 한반도인가.

그럼 저 아이들은...

사정없이 뭇매 맞으며 저항하지도 못한 채 공포에 떠는 저 아이들의 삶은 과연 평화로운가. 폭력의 재구성이 여전히 자행되는 저 아이들을 두고 평화롭다 말한다면, 저 아이들의 꿈을 짓밟는 독재자를 향해 엉너리나 하며 평화의 동반자라 말한다면, 내 아이는 아니니 상관없다 방관하면, 그건 또 다른 범죄에 지나지 않는다.

역사의 정의가 결코 그들의 거짓과 위선을 방관하지 않으리라.
하늘까지는 아니더라도 저 아이들을 우러러 한 점 부끄럼 없기를...

2부 경제적·사회적·문화적 권리

14살의 김일성 동상

압록강 건너 어렴풋이 황금색 동상 하나가 시야에 들어왔다. 꽤나 강폭이 넓음에도 그 형상을 또렷이 볼 수 있으니 대략 그 크기를 짐작할 만했다.

마침 그때, 한 무리의 사람들이 동상 아래로 걸어왔다. 혁명사적지를 답사하는 소년단 아이들이었다. 동상 발아래 선 아이들의 모습과 비교하면 그 동상의 규모는 실로 거대했다.

14살 나이에 압록강을 건너 광복의 천리 길, 배움의 천리 길을 떠났다는 김일성의 모습을 형상화한 동상이다. 압록강 건너 중국 땅을 바라보는 아이들의 표정이 남다르다.

소년단의 상징인 빨간 넥타이를 맨 아이들. 그들의 눈망울에 비친 압록강 건너의 세상은 어떤 곳이었을까? 아이야, 오늘 하루도 잘 견뎌 주려무나. 독재의 강 너머 분명 또 다른 세상이 있기에….

총을 겨눈 아이

북한에서는 6월 6일을 '조선소년단 창립일'로 기념하고 있다. 붉은 넥타이와 '항상준비'라는 구호로 상징되는 조선소년단은 1946년 6월 6일 창립돼 올해로 77주년을 맞았다.

이 단체는 김일성사회주의청년동맹에 속한 조직으로 7세부터 13세까지의 소년·소녀들을 대상으로 한다. 문제는 이들이 '김정은에게 충성하는 충직한 주체혁명의 믿음직한 교대자, 공산주의 후비대'로 자라난다는 점이다.

한창 미래를 꿈꾸고 품어야 할 아이들의 손에 총이 들려졌다. 소년단 깃발을 들고 행진하는 소학교 아이들, 혁명사적지 답사를 간다며 천리행군을 떠나는 학생들, 그리고 남루한 옷차림에 쓰레기 더미를 뒤지는 아이들의 모습이 슬프기는 매한가지다.

북중국경에서 사진을 촬영하다 총을 겨눈 북녘 아이와 눈이 마주쳤다. 차라리 그 아이가 군인이었다면 덜 잔인해 보였을 것이다. 그곳엔 아이들의 꿈 같은 건 애당초 없었다.

5. 농촌 현실

Rural reality

165　　2부 경제적·사회적·문화적 권리

6. 문화적 권리

Cultural righ

"문화생활에 자유롭게
참여하여 예술을 향유"

Cultural right

인간은 누구나 문화생활에 자유롭게 참여하여 예술을 향유하고 과학의 발전과 그 혜택을 공유할 수 있으며, 자신이 창작한 문학적·예술적·과학적 산물에서 발생하는 정신적·물질적 이익을 보호받을 권리가 있다.

그러나...

문화회관에서는 무슨 일이?

　북한 마을에 반드시 설치되는 건물이 바로 문화회관이다. 문화회관은 문화예술활동을 위한 공간이지만 실제로는 주민들의 사상강습과 교육을 위한 공간으로 주로 사용된다. 양강도 김형직군 지역에서 촬영한 문화회관의 모습을 보면 "협동벌마다 노래와 춤으로 들썩이게", "군중문화예술활동을 활발히 벌리자!"라는 구호가 새겨져 있다. 군중문화예술활동을 장려하는 구호만 보면 북한주민이 이곳 문화회관에서 문화생활을 누리는 것 같지만 실제로는 이러한 문화회관이 제 기능을 하지 못하는 것으로 파악된다. 양강도 김형직군, 자강도 중강진, 평안남도 청수노동자구 지역에서 촬영한 문화회관 건물에는 동일하게 "군중문화예술활동을 활발히 벌리자"라는 구호가 걸려있다.

양강도 김형직군 지역의 문화회관 건물과 선전 구호

그런데 이러한 장소는 실제로 문화예술 활동을 위한 공간이 아니라 실제로 사용하지 않거나, 협동농장 창고 용도로 사용하고 있는 것으로 파악되었다. 예를 들어 평안남도 청수협동농장 문화회관을 수차례 관찰한 결과, 수확한 농작물을 바닥에 널어서 말리는 모습이 보이기도 했다.

평안남도 청수협동농장 문화회관

'반동사상문화배격법'이라니

북한당국의 '제국주의사상문화' 차단과 비사회주의 행위에 대한 단속은 더욱 확대되었다. 특히, 청년세대들의 교양과 사상사업을 강조하면서, 청년들이 외부 사조에 물들지 않도록 철저한 단속과 통제를 이어갔다. 북한당국의 외부사조 유입 단속은 이제 강력한 법적 조치로 이어진다. 2020년 12월 '반동사상문화배격법' 제정에 이어, 2021년 6월에는 '82연합지휘부'를 설치해 '사회주의 사상 일탈 현상'에 대한 "일대 섬멸전"을 벌이기도 했다. 또한 2021년 9월에는 새세대에서 나타나는 반사회주의·비사회주의 사상을 제거하고 외부와 자본주의 문화에 익숙해진 청년들을 대상으로 사상 개조를 위한 '청년교양보장법'을 제정했다.

북한당국은 남한 한류를 비롯해 일체의 외래문화 유입을 '제국주의 사상문화 침투'로 간주하고 엄격히 통제하고 있다. 북한 내부로 유입되는 북중국경지역의 단속과 통제는 물론 북한 내부에서의 유통 역시 엄격하게 제한하고 있다. 하지만 북한 주민들의 남한에 대한 호기심과 외부정보에 접근하고자 하는 욕망은 북한당국의 통제 속에서도 계속 확산할 수 있는 요인이다. 분명 김정은이 가장 두려워하는 외부정보는 북한체제를 변화시킬 트로이의 목마가 될 것이다.

괴뢰(남한)영상물 유포자를 사형에 처하고
시청자는 최대 징역 15년에 처한다...

7. 열악한 생활

Poor life

한국에서 디딜방아를 보려면 민속촌이나 박물관에 가야한다
북한에서는 여전히 일상생활에서 사용한다

3부

vulnerable class

취약계층

1. 여성

Female

한겨울 영하 30도
추위에 강변에서
빨래하는 여성

"모든 사람은 성별을 비롯하여
어떠한 이유에 의해서도
차별받지 않고 선언에 제시된
모든 권리와 자유를
누릴 자격이 있다"

Female

북한인권, 사진으로 외치다

인권은 성별과 관계없이 누구에게나 동등하게 보장되어야 한다. 세계인권선언의 전문에서는 모든 인류 구성원에 대한 고유한 존엄성과 평등을 강조하며, 제2조에서는 "모든 사람은 성별을 비롯하여 어떠한 이유에 의해서도 차별받지 않고 선언에 제시된 모든 권리와 자유를 누릴 자격이 있다."라고 선언하고 있다. 자유권규약과 사회권규약에서도 남녀 모두에게 동등한 권리가 있음을 확인하고, 규약의 당사국은 규약에서 명시하고 있는 모든 권리를 남녀에게 동등하게 확보하여야 함을 명시하고 있다.

북한은 2001년 여성차별철폐협약을 비준하였고, 협약의 당사국으로서 2002년 협약 이행에 대한 최초 보고서를 제출하였으며, 2016년 제2·3·4차 통합 국가보고서를 제출하였다. 또한 북한은 2009년·2014년·2019년 총 3차례의 UPR에서 특수 집단의 권리로서 여성권을 구분하고, 여성권 증진과 보호를 위한 노력 및 효과 등에 대하여 언급하였다. 그리고 2021년 6월 지속가능발전목표(SDGs)의 이행을 위한 VNR 보고서에서 향후 여성의 권한 보장을 우선시하고 여성의 잠재력 발현을 위해 다방면에서의 교육을 촉진하겠다는 계획을 밝혔다.

그러나...

2023년 3월 8일자 노동신문에 실린 기사를 보면 조선이 녀성들의 행복의 락원이라고 선전한다. 세금도 없고 무상치료와 무상교육제가 실시되어 아무런 걱정이 없다고 선전한다. 과연 그럴까?

조선민주주의인민공화국에서는 녀성문제가 완전히 해결되었다.
세금이 없고 무상치료제와 무료교육제가 실시되고 있는
이 나라에서는 녀성들이 아이를 키울 걱정,
공부시킬 걱정, 치료받을 걱정을 모른다.

조선은 녀성들의 행복의 락원이다.

북한인권, 사진으로 외치다

북한 여성으로 산다는 것

3월 8일은 세계여성의 날이다. 1975년 유엔에서 정식으로 선언되어 매년 여성의 권리를 기념하는 날로 지정되었다. 북한은 이날을 3·8국제부녀절로 기념한다. 축하장을 돌리고 여성에게 화장품과 꽃을 선물한다며 선전한다.

로동신문 기사를 보면 "세상에는 수십억의 여성들이 있지만 우리 조선 여성들처럼 대를 이어 위대한 수령, 자애로운 어버이의 품속에서 참된 존엄과 영예·삶의 긍지를 안고 사는 여성들은 없다"며 자랑을 늘어놓는다. 여성을 나라의 꽃이라 치켜세우며 영웅이 되라고 한다. 하지만 허상 뒤에 숨겨진 실상은 전혀 다른 것 같다. 북한에서 여성으로 산다는 건 순간순간을 견뎌 내야 하는 고통의 연속인 듯하다.

한 줌의 배추를 등에 짊어지고 수십 리 길을 걸어가는 여성, 꽁꽁 얼어붙은 땅에서 땔감 두어 개 겨우 주워서 가는 여성, 한 보따리나 되는 짐을 자전거에 싣고 강둑을 달리는 여성, 식량 보따리 하나 둘러메고 발걸음을 재촉하는 여성, 추위에 빨갛게 달아오른 볼을 비비며 맨손으로 작업하는 여성, 시리도록 차가운 강물에 발 담그고 빨래하는 여성….

그렇게 한겨울을 또 견뎌 내야 하는 조선의 여성들에게 따스한 봄바람은 언제쯤 불어 올는지. "여성은 꽃이라네, 나라의 꽃이라네"라는 북한 노래의 가사처럼 그녀들의 삶도 봄볕을 노래하는 한 송이 꽃처럼 찬란하기를 그저 바라 본다.

영하 30도

　백두산 지역의 기온이 영하 41도를 기록했다고 전해진다. 이 추위에 북녘 여성들은 압록강과 두만강으로 향한다. 빨래 더미 머리에 이고 수백 미터를 걸어가 차디찬 강물에 손을 담근다. 압록강변에서 사진을 찍던 날, 기온은 정확히 영하 28도를 가리켰다. 누군가 날카로운 송곳으로 얼굴을 할퀴는 듯 살갗이 찢어질것 같은 추위였다.

　삭풍 몰아치는 압록강 체감온도를 고려하면 그 추위는 이루 말할 수 없으리라. 물지게를 지고 강변으로 향하는 모습은 또 어떤가? 마실 물이 없어 압록강과 두만강에 나가 물을 길어오는 형편이다. 수도꼭지만 틀면 뜨거운 물이 콸콸 쏟아지는 우리의 모습과 비교하면 어처구니가 없다.

　21세기에 어찌 이런 모습을 직시해야 하는지. 세탁기가 없을 뿐만 아니라 있다 해도 전력 사정이 좋지 않으니 세탁기는 꿈도 꾸지 못한다. 강물에 몇 번 담구었다마는 빨래도 문제지만, 난방도 제대로 되지 않은 곳에서 어떻게 말릴지 더욱 걱정이다.

　사진 속 어머니의 얼굴에 깊이 팬 주름살이 보이는지. 만약 이 여성이 우리의 어머니라면 어떻게 하겠는가. 북한인권 운동은 특별한 사람들의 특별한 행동이 아니다. 빨래조차 제대로 하지 못하는 곳에서 신음하는 동포를 위해 따스한 마음 하나 내어 주는 것, 그게 바로 북한인권 운동이다. 북한인권, 바로 당신의 마음이다.

집에서 압록강에 이르는 길은 결코 가깝지 않다
무거운 빨래더미를 머리에 이고 철조망문을 통과해야
겨우 강변에 닿을 수 있다

3부 취약계층

돌아앉은 여인

　중국쪽에서 바라보는 시선이 내심 불편했던 모양이다. 압록강변에 그녀가 등을 지고 돌아앉았다. 신기한듯 바라보는 시선을 애써 피하고 싶었으리라. 강물에 떠내려오는 빈 페트병 하나도 쉬이 버릴 수 없었다. 주워 담아 깨끗이 씻어 말리면 세상 그 어떤 접시보다 예쁘고 아름다운 주방용품이 된다. 누구나처럼 꿈의 주방을 갖고픈 마음은 애당초 생각지도 않았다. 그저 무엇인가 담을 수 있고, 장마당에 내다 팔 수만 있다면 최고의 보물이다. 압록강에 두둥실 던져진 페트병 하나가 누군가에게는 생의 한자락이다.

집으로 가는 길

어떻게 하면 저렇게 많은 물건을 자전거에 싣고 달릴 수 있을까? 북한에서 젓갈 담는 통으로 사용한다는 수지통(플라스틱)을 매달고 억척스러운 길을 내달린다. 어머니라는 위대함으로 그의 삶을 포장해서는 안된다. 세상 모든 어머니는 위대하다고 말하지만 그녀의 자전거에 실린 삶의 무게는 그저 압록강 철조망에 내걸릴 뿐이다. 손발이 꽁꽁 얼고 얼굴에 송곳처럼 날 선 압록강 칼바람이 불어와도 그녀의 자전거는 멈추지 않는다. 집으로 돌아가는 길은 멀고도 가깝다. 어미를 기다리고 있을 어린 딸을 생각하면 한걸음에 내달리고 싶지만, 압록강 바람에 실려 온 삶의 애환은 아득히 멀다. 그녀가 돌아갈 곳은 어디일까?

어머니의 마음

 아이는 강변에서 홀로 놀고 있었다. 어머니는 강물에 들어가 곧은 허리를 숙이고 무엇인가 잡고 있었다. 우리는 강변에서 무언가를 줍거나 잡는다고 하면 다슬기를 줍는 상상을 한다. 강변은 그렇게 낭만이자 즐거움이다. 하지만 그날, 북녘땅 어머니가 강가에서 잡았던 건 다름아닌 거머리였다. 거머리를 말려서 장마당에 내다 팔면 한 줌의 옥수수 정도는 구할 수 있다고 했다. 고된 노동 끝에 잠시 휴식을 취하려 나온 어미에게 품속에 안아보는 아이는 최고의 안식이었다. 강변에 하얗게 말려 놓은 건 '요소비료'라고 쓴 비료포대다. 비닐포대 한 장조차 쉬이 버리지 못하고 깨끗이 빨아서 다시 사용해야 할 만큼 물자는 귀하고 귀하다.

 화장하지 않은 검게 그을린 그녀의 시선이 머문 곳은 어디일까? 21세기 같은 시간대를 사는 또 다른 여성의 모습이다.

판매금지

월경여자와 어린이 판매금지라니... 처음엔 보고도 믿지지 않았다. 분명 사람을 팔고 산다는 말이다. 어느 국경마다 반드시 있다는 밀수금지 표지판도 아니고 사람을 사고팔지 말라는 경고판이었다. 얼마나 많은 조선의 여인들이 압록강과 두만강 건너 중국 땅으로 팔려왔을까?

그녀들에게 강은 생사의 갈림길보다 더 잔인한 경계선이었다. 어제까지 한 아이의 엄마로 살던 이가 오늘은 생전 처음 보는 이의 아내로 살아가야 한다. 아내라는 말은 결혼한 사람에게, 사랑하는 사람에게 붙일 수 있는 애정의 호칭이다. 하지만 그녀를 사온 중국 남성들에게 여성은 그저 돈을 주고 사온 물건에 불과했다. 소, 돼지 짐승보다 못한 삶에서 희망이라는 말은 사치였다. 그저 하루하루를 살아내야만 했다. 그녀들의 이야기는 지금도 현재진행형이다.

북중국경에 내걸린 표지판

"아동의 생존, 보호,
발달 및 참여의 권리 등을
인정하고,
당사국에게 협약에
명시된 아동의 권리"

Children

아동은 신체적, 정신적 미성숙으로 인하여 독립된 권리의 주체로서 인정받지 못하는 경우가 많았다. 이러한 역사적 경험을 바탕으로 아동에 대한 특별한 보호와 배려의 필요성이 1924년 채택된 '아동권리에 관한 제네바 선언'을 시작으로 여러 국제인권문서에 명시되어 왔다. 그 후 1989년 채택되고 1990년 발효된 '아동권리협약'을 통해 아동의 권리는 단순한 선언을 넘어 법적 권리로 보장받게 되었다. 유엔 아동권리협약은 아동에 대한 차별금지와 아동의 이익을 최선으로 하는 것을 기본원칙으로 하여 아동의 생존, 보호, 발달 및 참여의 권리 등을 인정하고, 당사국에게 협약에 명시된 아동의 권리를 보장하며 이행보고서를 제출할 의무를 부과하고 있다.

1990년에 아동권리협약을 비준한 북한은 1996년 아동권리위원회에 제1차 이행보고서를 시작으로 2016년 제5차 이행보고서까지 제출해 왔다. 아동권리위원회는 매회 최종견해에서 북한이 제출한 이행보고서에 대한 우려사항 및 권고사항을 제시하며, 아동권리협약의 충실한 이행을 촉구해 왔다.

그러나...

세상에 부럼 없어라?

　북한에서는 4살이면 아이들을 탁아소에 보낸다. 그곳에서 제일 먼저 배우는 노래는 〈세상에 부럼 없어라〉는 곡이다. "사람들 모두 다 화목한 내 조국 한없이 좋네"라는 가사에서 알 수 있듯, 북한체제를 찬양하는 내용이다. 특히 "우리의 아버지 김일성 원수님, 우리의 집은 당의 품"이라는 가사는 어릴 때부터 아이들을 세뇌하는 정치선전의 전형을 보여준다. 모든 탁아소건물에는 반드시 〈세상에 부럼 없어라〉는 간판을 내건다. 그리고 건물 입구에는 '경애하는 김정은 장군님 고맙습니다'라는 구호가 붙어 있다. 낡고 빛바랜 건물만이 아니더라도 북중국경에서 만난 북녘 아이들의 모습은 결코 부러움이 없는 생활이 아니었다. 강물에 떠내려오는 페트(pet)병을 주워 장마당에서 팔면 그나마 한 줌의 옥수수와 바꿀 수 있다고 한다. 쓰레기더미를 뒤지는 아이들의 남루한 모습은 또 어떠한가? 나무막대기에 낚싯바늘 하나 달랑 메고 물고기를 잡은 아이의 눈에는 세상 모든 시름이 담긴 듯하다. 목에 걸린 물고기는 오늘 저녁 식구들의 한 끼 식사일지도 모르겠다. 아이들의 눈을 똑바로 바라볼 수 없었다. 너무 미안한 마음이 앞섰다. 세상에 부럼 없다는 허황한 구호가 아니라 진정으로 저 아이들이 꿈 꿀 수 있도록 해야 한다. 그게 북한인권이다.

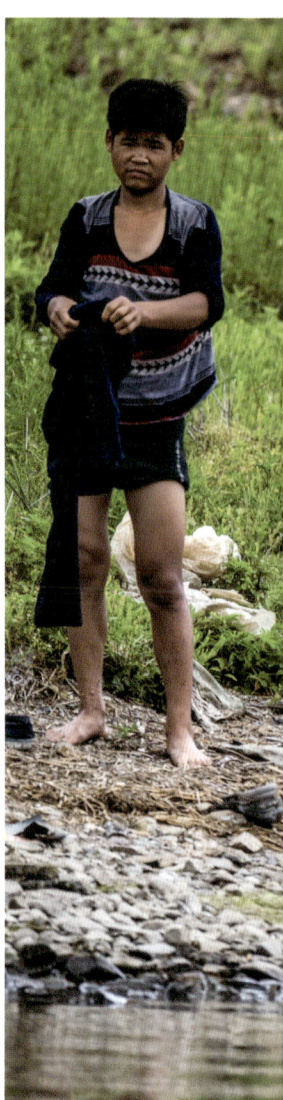

압록강변에서 만난 아이들

나뭇가지에 바늘 하나 겨우 엮어 낚싯대를 만들었다
긴 줄에 묶어 목에 걸어놓은 물고기는 오늘 저녁 식구의 한 끼 식사가 되려나

아이들이 압록강에 떠내려 오는 빈병(PET)을 줍고 있다
장마당(시장)에 팔면 한 줌의 옥수수로 바꿀수 있다고 한다

창문이 열리기 전까지는 저 사각형이 창문인지 전혀 알지 못했다
유리창이 아닌 비닐로 가린 창문이 열리자 한 아이의 모습을 볼 수 있었다
저리도 무심한 표정이 또 있을까?
아이의 눈망울을 똑바로 쳐다볼 수 없었다
너무 미안하다

영하 30도의 압록강변에서 북녘의 아이들을 바라본다
헤지고 낡은 옷의 아이들은 하릴없이 쓰레기 더미를 뒤적였다

너무 일찍 철이 들어서일까?

　빨래를 머리에 이고 동생과 함께 집으로 향하는 아이의 모습이 그저 애처롭다. 무거운 빨래 더미는 세상 시름처럼 아이의 꿈을 짓이긴다. 한창 꿈꿀 나이에 철조망을 넘지 못한 아이의 꿈은 산산이 부서져 날카로운 쇠창살에 비수처럼 꽂혔다. 옆모습으로나마 희미하게 보이는 무심한 표정에 그저 미안한 마음만이 앞선다. 저 아이에게 내일은 어떤 의미일까?
　철조망 안에 갇힌 잔인한 꿈이여.

압록강에서 물을 길어가는 아이들

양식이면 좋으련만

　자전거에 한가득 짐을 싣고 힘겹게 페달을 밟는 아이의 모습을 바라본다. 꽁꽁 싸매고 묶은 포대 안에는 무엇이 들었을까? 저 방향으로 한참을 달려야 작은 마을 하나가 자리한다. 수십 킬로미터를 달려가 겨우 한 줌의 포대를 담아 왔다. 저 안에 담긴 것이 먹을거리면 좋겠다는 아주 간절한 바람을 담을 뿐이다. 그다지 키가 크지 않은 어린 시절부터 힘겨운 페달을 밟았을 그의 삶이 애잔하다. 장성한 어른이 되면 자전거 페달 밟기는 좀 더 쉬워지려나. 제발 그때가 되면 먹는 것만이라도 풍족해졌으면 좋겠다는 바람이다.
　아이가 살아갈 세상, 그곳이 좀 더 따뜻해지면 좋으련만...

어린 아이 홀로 끌기에는 너무도 버거운 무게

Disabled

세계인권선언은 "모든 사람은 태어날 때부터 자유롭고, 존엄성과 권리에 있어서 평등하다."라고 선언하고 있다. 이는 신체적·정신적 장애로 인해 생활에 제약을 받는 장애인들에게도 적용된다. 이러한 정신을 구체화하여 유엔총회는 1975년 '장애인권리선언', 2006년 '장애인의 권리에 관한 협약'을 채택하였다. 장애인권리협약은 당사국에게 장애를 이유로 한 어떠한 차별 없이 장애인의 모든 인권과 기본적 자유의 완전한 실현을 보장하고 촉진하기 위한 의무를 부과하고 있다.

그러나 북한은 장애인을 비장애인과
동등하지 못한 존재로 인식하기 때문에,
그들은 심각한 언어적 편견과 차별에 내몰린다.

장애인으로 보이는 북한주민이 자전거를 수리하고 있다

나가며

살다 보면 그런 날이 있다.
맑고 푸르던 하늘에 갑자기 먹구름이 밀려오더니
한줄기 소나기를 뿜어낸다.

어느 집 처마 밑으로 들어가 간신히 비를 피했다.
굵은 한줄기 소낙비가 가늘어지고 막 길을 떠나려던 찰나
그 사람이 처마 밑으로 다가왔다.

그게 인연이었다.
반쪽 조국의 사람을 그렇게 우연히, 아니 하늘이 맺어준 인연으로 만났다.
처자식을 북한에 남겨두고 R국에서 홀로 보낸 시간이 3년, 힘겨운 건설 노동으로 굳어진 손마디가 더없이 거칠었다. 살아가는 이야기를 나누며 더 오래도록 함께하고 싶었지만 허락된 시간은 딱 거기까지였다.

만남도 잠시, 헤어질 때 그와 내가 나눈 인사는 단 한마디,
"통일되면 다시 만납시다"였다.

통일되면…
그때가 정녕 언제일지 기약할 수 없음을 우리는 너무도 잘 알고 있었지만,
분단의 사람인 그와 내가 전할 수 있는 유일한 마음이었다.

다시 그곳에 그 분단의 사람들을 남겨두고 조국으로 돌아간다. 10여일 간 R국의 출장길에서 마주했던 그들의 고뇌는 여기에 묻어둘 수밖에 없다. 충성의 외화벌이라 불리는 해외파견 북한 노동자들.

새벽 2시 30분에 출발하는 귀국행 비행기에 오른다. 도착하면 조국에서 또 다른 아침을 맞으리라. 그렇게 어제는 가고 내일이 온다지만, 언제가 되어야 분단의 오늘을 지나갈 수 있을는지.

지금 이 순간, 나머지 반쪽 조국의 사람들은 결코 평화롭지도, 자유롭지도 않다. 살아서도 지옥과 같은 한 생을 쓸쓸히 마감할 그들의 생애가 바스락거리는 심정으로 가슴을 도려낸다. 한 사람이 분명 천하보다 귀하다 했기에, 그들에게도 진정 자유의 봄이 찾아오기를 간절히 소원해본다.

북한인권의 실상을 사진으로 전하겠다고 거창하게 말했지만, 실상 정치범수용소와 교화소, 노동단련대, 총살현장 등 최악의 인권 침해 현장을 세상에 전하지 못함이 그저 죄송할 뿐이다.

북한의 문이 열려 단 한 사람만이 들어갈 수 있다면 그 한 사람이 제가 되게 해달라는 믿음으로 기도드린다. 지금 내가 가는 길이 정녕 의미 있는 흔적이라 스스로를 위안하며 분단의 오늘을 또 견뎌보려 한다.

평양에 계신 아버지를 함께 만나자 약속한
'이나'를 위해.